Dedicatoria:

A mi amada esposa, fuente ilimitada de amor
y a mi adorada hija, motor de nuestras vidas.

Índice:

Gestión comercial y fuerzas de ventas

Organización de la fuerza de ventas exitosa

Antonio Granja

Gestión comercial
y fuerzas de ventas

México 2018

Contacto con el autor:

jagradem@hotmail.com

Número de registro público de derechos de autor: 03-2019-021910331000-01

ISBN: 978-607-29-1787-3

Impreso en México.

Printed in México.

Prólogo

En ventas todo es una serie de ajustes, (sobre todo en tus pensamientos, evaluar lo que has hecho y girar a mejores opciones, pensar diferente) porque lo que te funciono ayer puede ser que ya no de resultado hoy o mañana, es por ello que como líderes de equipos de ventas siempre debemos estar abiertos al cambio, a nuevas oportunidades y ser calculadores de riesgos y tomadores de decisiones acertadas, contemplando de manera hábil todo el abanico de posibilidades existente, sin olvidar que el cambio positivo y el éxito en los resultados solo dependen de nosotros mismos, de que tomemos la decisión de levantarnos y hacer que las cosas pasen.

En una charla con un gran amigo surgió el tema de las complicaciones que estaba teniendo para mantener a su consultorio abierto.

Me decía que a pesar de sentir que estaba en una magnífica ubicación en la ciudad estaba experimentando problemas para salir adelante con sus gastos fijos.

Había invertido una cantidad importante en los equipos para montar su consultorio dental y además adquirido parte de estos instrumentos a través de un financiamiento, el cual le imponía un compromiso mensual importante.

Al ser amigo de muchos años se sintió con la confianza de mostrarme sus números y al revisar estos nos percatamos rápidamente que aunque el problema era serio, sólo necesitaríamos incrementar un cierto número de visitas de pacientes para llegar al punto de equilibrio, intercambiamos varias ideas de cómo se podría lograr, algunas probablemente descabelladas y otras no tanto, con una mejor posibilidad a la fecha de la charla.

Posterior a ello después de varios meses que tuve la oportunidad de volver a saludarlo, pregunté cómo iba su proyecto.

Comenzó compartiéndome que efectivamente había mejorado mucho el desarrollo de su consultorio, al grado de que ya era su sustento principal. También me comentó que la experiencia más importante después de aquella platica de meses atrás fue que descubrió que al final lo que le había estado haciendo falta era un vendedor, por ello decidió convertirse en él, enfocando toda su energía en vender sus servicios, al grado que, concluía diciéndome, ¨caray, fíjate que yo no sabía que era vendedor¨.

Y es que este tipo de situaciones son más comunes de lo que nos imaginamos, debido a que sucede muy a menudo que al emprender un negocio o comenzar a ejercer nuestra profesión de manera particular nos enfrentamos a que todo el esfuerzo que se ejecuta en la implementación del negocio, instalación de equipos, decoración, marketing previo, etc. Llega el momento de levantar las cortinas y abrir el negocio.

Es ahí, donde nos damos cuenta del punto clave, que nos ha estado haciendo falta en la planeación, y es nuestra fuerza de ventas. Claro está, que si hablamos de un consultorio dental en donde si acaso se contará a la hora de la apertura sólo con un asistente, difícilmente podemos pensar en incluir en nuestro proyecto un equipo de gente profesional, capacitada para vender nuestros servicios.

Es por ello que el mismo emprendedor deberá convertirse en su propio embajador y representante de ventas.

A mi juicio y experiencia es una de las capacidades y habilidades menos desarrolladas por lo menos en los planes de estudios de la gran mayoría de las facultades del mundo.

Necesitamos juventudes que al egresar de sus carreras sepan vender, que tengan una idea clara de cómo van a poder vivir de la profesión que decidieron y no sólo dependan de conseguir un empleo al egresar.

La intención principal de este libro es ayudar al desarrollo de las habilidades inherentes, necesarias, e indispensables, así como proporcionar un conjunto de experiencias que nos ayudan a identificar las oportunidades de vender un bien, producto o servicio.

Que estos consejos puedan servir como fundamento para poder capitalizar la profesión que se haya escogido, que se pueda generar la posibilidad de vivir de ella, de manera decorosa, convirtiéndote en un vendedor vibrante y creciente.

Es misión de este libro ayudar a quien lo necesite aprender a vender independientemente de ser dentista, contador, piloto, médico, etc. también puede ser un magnífico vendedor, cualidad que le abrirá las puertas a mejores posibilidades en el desarrollo de su carrera. Porque, aunque no vendamos un objeto o un bien tangible es importante que siempre sepamos vendernos, no solo vendes cuando emprendes, también vendes cuando ejecutas tu carrera o profesión y marcará una gran diferencia en tu éxito profesional el hecho que tengas claro cómo vender.

Si vemos a nuestro alrededor, sea la industria que sea, el común denominador en la vida laboral profesional lo que existe es que en todos los campos siempre hay un equipo de ventas.

Siempre hay alguien que se tiene que dedicar a vender ya sean bienes, productos o servicios.

Introducción

La razón principal de existir para cualquier empresa es sin duda vender, generar margen de utilidad mediante la colocación y venta de sus productos, bienes o servicios.

Conseguir la satisfacción del cliente, mantenerse con proveedores eficientes y competitivos son medios para llegar al fin que es vender.

Y es que sin ventas no hay paraíso, la idea general de este punto es asegurarnos de hacer coincidir todos estos elementos para que la combinación resulte exitosa.

Ya que en definitiva, por supuesto, buscamos incrementar el volumen de ventas, sin embargo será de vital importancia que el margen de utilidad generado por cada venta, sea el adecuado, y nos permita tener un crecimiento sustentable en la empresa. Poco se habla de márgenes, sin embargo, lo que sí puedo asegurar, es que nunca está demás tener un margen superior.

Siempre debemos de encontrar la combinación que asegure el margen de utilidad mayor posible, ya que eso nos brindará la oportunidad de que con una buena estrategia de reinversión se crezca a nivel compañía; se exploren otras industrias, y se desarrollen nuevos negocios.

Siempre debemos de considerar que el margen de utilidad deberá ser una consecuencia de la venta tomando en cuenta que el conseguir la satisfacción del cliente no necesariamente nos tiene que impactar en el margen de utilidad.

Es decir, tenemos que ser sumamente creativos para conseguir la satisfacción del cliente sin necesidad disminuir nuestros márgenes de utilidad, y es aquí donde claramente debemos de mantenernos hábilmente con los mejores proveedores, los más eficientes y competitivos sin que esto merme la calidad en bienes, productos o servicios que nos entreguen.

Una adecuada selección de proveedores nos va a permitir generar el margen de utilidad correcto, que este sin duda alguna servirá para generar la satisfacción del cliente final, que nunca debemos perder de vista ya que una de nuestras prioridades es conseguir clientes estables, clientes con compromiso para con nuestra marca, clientes a los que podríamos llamar cautivos.

Y es que todo es ventas, se podría decir que difícilmente podemos encontrar una empresa u organización que se jacten de no tener una preocupación permanente por sus ventas. Por el cómo se desempeña su producto bien o servicio en relación a su similares en la industria.

No encontraremos una empresa que no se ocupe por desarrollar sus volúmenes de ventas.

Un vendedor profesional siempre tendrá la oportunidad de desarrollarse en la industria que desee, ya que al dominar el proceso de ventas tendrá la posibilidad de incorporarse y dirigir desde la trinchera que le corresponda la parte de la organización que le hayan asignado.

Se suele creer que las ventas son consecuencias de la producción, sin embargo, es una idea errada, ya que no tendría ningún sentido producir si no tenemos la posibilidad de vender.

Dentro de la organización los procesos de producción y administración básicamente tienen que estar encaminados para ofrecer un buen producto de una manera ágil al cliente o consumidor. Todo esto a través del área comercial o fuerza de ventas, debido a ello, todos los que nos dedicamos al mundo de las ventas debemos de tener claro que nuestra profesión es fundamental para el desarrollo de las industrias, las empresas y las sociedades.

Todo es ventas.

Mucho se ha hablado de la necesidad de siempre mantener un alto servicio y atención al cliente.

Se ha considerado permanentemente que el cliente siempre tiene la razón y es verdad.

Es importante tener relaciones sanas, congruentes y sobretodo productivas con nuestros clientes sin embargo en el afán de la alta competitividad actual nos encontramos que el cliente cada vez tiene más más opciones y sobretodo información rápida a la mano para la toma de sus decisiones de compra.

Esto nos ha llevado a que se genere una desgastante competencia entre los que vendemos productos, bienes o servicios. Y aunque no sea un tema ampliamente discutido, la guerra de precios al final del día no beneficia a nadie.

Se podría pensar que en una guerra de precios si hay beneficiados, por ejemplo, el cliente, sin embargo, esto no sucede así.

Ya que las empresas al disminuir sus márgenes de utilidad, que es donde directamente impactan las batallas en precios se ven forzadas a operar con menores recursos, al grado de sacrificar colaboradores, inversiones en logística, inversiones en sistemas, que le podrían permitir ser más eficientes en su desempeño y de esta manera ofrecer al mismo cliente un mejor servicio, por ende, una mejor versión del producto o bien tangible o intangible que ofrecen.

Recordemos que los descuentos, bonificaciones, notas de crédito y demás recursos que se puedan utilizar para beneficiar al cliente en cuanto a precio; impactan directamente en el margen de utilidad duro de la empresa, por lo tanto, las compañías para seguir operando de manera sana se ven obligadas a compensar dichos márgenes perdidos en la venta por otras vías.

Y si esta guerra continúa, el escenario se vuelve más peligroso para los actores en cuestión al grado mismo de generar quiebras, perjudicando en el camino a proveedores, colaboradores, estado y por su puesto a los mismos clientes.

Es importante recordarlo siempre; por supuesto estar a favor del servicio con calidad al cliente, mantener la esmerada atención que debe de recibir cada uno de ellos, y por supuesto estar muy cerca de ellos con el objetivo de mantenerlos bien atendidos sin embargo, también es sumamente relevante cuidar los márgenes de utilidad y los rangos sanos de operación de la empresa para mantenernos en el mercado de manera competitiva y rentable.

Es por todos los que vivimos de las ventas bien sabido, que, en este dinámico mundo, la competencia cada vez es más aguerrida; que el competidor rara vez se queda quieto, que difícilmente se detendrá la incesante y agresiva estrategia de vender más de las empresas.

Pero también sabemos que si no cuidamos nuestros límites operativos llámense de gestión, de margen de utilidad, de logística, de capacidad técnica, difícilmente podríamos pensar en mantener una sana estabilidad en el tiempo ante el mercado o industria en la que nos manejemos.

Siempre será importante dar al cliente la sensación de satisfacción necesaria para que regrese con nosotros, pero será vital ser creativos para generar dicha satisfacción en los clientes sin tocar márgenes o cualquier tipo de beneficio que no esté contemplado en el plan de egresos. No perdamos de vista que de vez en cuando tenemos que ser un poco más turcos. (Enfocados en el ingreso).

A veces esta percepción de estabilidad se puede crear con desarrollar una imagen estable y robusta ante el mercado en el que nos movemos.

Pero:

¿Cómo cumplir con la utilidad pactada?
$10000

¿Cómo ser competitivo en una guerra de Mercado?

Sin duda estas son las preguntas que giran en la cabeza de todos los que hemos estado al frente de alguna operación y equipo de ventas.

Y puede haber 1000 respuestas a esta pregunta; una de ellas es mantenerte cerca, tener presencia, ya que el mercado es como un ancianito; hay que acercarse a él porque habla con voz baja, pero es capaz de darte un bastonazo.

Comparto una experiencia de guerra de mercado: Cada año en las épocas de la celebración de la semana Santa en mi ciudad natal, Coatzacoalcos, Veracruz. Se celebraba un carnaval en la cual las empresas patrocinadoras movilizaban carros alegóricos provenientes de los carnavales de la ciudad de Veracruz y Alvarado, así pues, las grandes empresas refresqueras y cerveceras y demás industrias y corporaciones con comercialización y presencia en la zona se esmeraban con presentar sus comparsas y carros alegóricos.

En dicho evento además de que se presentaban las típicas coreografías y batucadas patrocinadas por la industria petrolera pujante en esas épocas en la zona.

La mayoría del evento en esas épocas era subsidiada por una empresa cervecera en la cual Yo era líder de una de sus fuerzas de ventas.

A la empresa cervecera, a mi equipo comercial y a mí nos tocaba librar una guerra de mercado sin cuartel contra la única empresa competidora en la zona, eran épocas donde la lucha comercial era muy aguerrida y se peleaba cada punto de venta y cada espacio en el punto de venta, asimismo, la batalla en fachadas, comunicación etc.

En este carnaval se suscitó que la empresa para la que yo trabajaba había pagado el patrocinio lo cual nos daba la preferencia en la instalación de puntos de venta temporales en el evento, al grado que en el contrato se estipuló que ni siquiera como participación de carros alegóricos y comparsas podría presentarse la empresa competidora.

Al ser un evento de mucha relevancia y de gran volumen de venta en la zona, claro está, la competencia tomo acciones, entendiendo que ellos ya contaban con un presupuesto para el evento desde varios meses antes, y que no había podido ejercer por el bloqueo comercial del contrato, tomaron la decisión de invertir dicho presupuesto en quebrar el precio en los puntos de venta ubicados a lo largo del malecón; En ese entonces el precio del bote de cerveza de 355 ml era de 10 pesos mexicanos y ellos decidieron salir al mercado en sus puntos de venta establecidos permanentemente a lo largo del malecón con un 20% de descuento es decir ocho pesos mexicanos por cada bote de cerveza, como el evento se lleva a cabo a lo largo del malecón no hay controles de acceso y todos los visitantes llegan a la avenida y se posicionan en el mejor lugar que consideren para disfrutar el evento.

Sucede que nosotros habíamos instalado nuestros puntos de venta temporales en carpas y stands para poder atender a todos esos clientes consumidores pero la competencia tenía puntos de venta fijos establecimientos que cotidianamente expendían únicamente sus productos, alrededor de cinco puntos de venta de ese tipo a lo largo del evento, fue ahí donde decidieron hacer el quiebre de precio, a pesar de que nosotros habíamos invertido un alto recurso financiero en el patrocinio del evento y en la movilización de los carros alegóricos que decidimos hacer el mismo quiebre de precio que ellos y ofertar nuestro producto a ocho pesos mexicanos, la competencia respondió inmediatamente cambiando todas sus comunicaciones menos de una hora y ofreciendo su producto en seis pesos. Obviamente el consumidor se volvió inclinar hacia ellos y nosotros después de dos horas de ver nuestros puntos de venta sin clientes, decidimos hacer lo mismo, cerrando el primer día de ventas con un precio de seis pesos mexicanos al público, habiéndolo iniciado en diez pesos mexicanos.

Al día siguiente abrimos la operación nuevamente con un precio seis pesos y la competencia desde el primer momento salió en cuatro pesos inmediatamente se reporta esto a la alta dirección y deciden no quebrar el precio por lo tanto en el segundo día trabajamos la mitad de la jornada, aunque nuestra venta era casi nula. Estuvimos reportando a la dirección estos sucesos aproximadamente tres horas antes de que terminara la jornada, la alta dirección informa que igualaremos el precio colocándonos en cuatro pesos mexicanos a la venta. Esto era algo inaudito y comenzamos a vender, obviamente el consumidor desde el principio se percató de la situación y comenzaron a aprovechar, no sólo para el consumo interno en el evento, si no, también comenzamos a detectar que llenaban camionetas con nuestro producto y el de la competencia y empezaba salir del evento. Cerramos el segundo día de operación del evento con la venta a cuatro pesos mexicanos por bote de cerveza.

El tercer y último día de operación del evento arrancamos nuevamente con cuatro pesos de cerveza y fue donde sucedió lo impensable los consumidores prácticamente se abocaron a vaciar nuestros inventarios y subir toda esa cerveza a cualquier cantidad de vehículos para llevárselos a la reventa y en el peor de los casos nuestros clientes establecidos fuera del perímetro del evento aprovecharon a abastecerse con más de un mes venta, ya que el precio al consumidor era de 10 pesos mexicanos, nuestro precio de venta al detallista o distribuidor era de ocho pesos.

Con esta guerra de mercado nuestros clientes minoristas y los de la competencia se abastecieron con producto conseguido al 50% de lo que estaba establecido venderles. Al final del evento independientemente de la enorme borrachera que se generó ya que mucha gente si consumió el producto en forma desmedida por el tan bajo precio, saturamos con producto alrededor del 50% de nuestros clientes establecidos fuera del perímetro con poco mas de un mes venta de este SKU (stock-keeping unit, que traducido al español significa código de producto), Lo que propició un descontrol en todos los rubros de la empresa. Por ejemplo: El financiero; grandes pérdidas por el poco ingreso en la venta de nuestros productos, además, de lo ya invertido en patrocinio y movilización de carros alegóricos comparsas etc.

Se generó también descontrol en ventas ya que por casi dos meses no logramos colocar venta de este producto en nuestros clientes establecidos, impactando esto en la mezcla comprometida mes con mes de venta a la dirección.

Afectó también la retribución variable de nuestra fuerza de ventas ya que los objetivos de ventas de estos productos no se cumplieron provocando un descontrol más en la organización.

Obviamente el almacén y su programación de pedidos a planta también sufrieron afectación ya que no se pudieron cancelar los pedidos elaborados a la planta de este producto en cerveza en bote, tema que al final se tradujo en mermas.

En algunas empresas persiste la idea aún en estos tiempos que el ejecutivo debe de dar el 200% (obvio eso no existe) de su capacidad para sacar adelante los temas.

Al grado que es incluso mal visto si el ejecutivo te contesta el teléfono la primera vez que le llamas, ya que esta cultura reza que si te pudo contestar el teléfono es porque no estaba ocupado en alguna tarea importante de la empresa.

Lo peor de todo es que los ejecutivos adoptan esta ideología incluso la aplican con sus clientes llámense internos o externos.

Esta tendencia es cada vez más marcada en el mundo y podría pensarse que es pertenecer a una vieja escuela si lo haces de manera diferente.

Sin embargo, al volverse el común denominador del método de atención de los ejecutivos se genera una sensación de desagrado por parte de los clientes que posteriormente tiene que ser subsanada con otro tipo de beneficios para con ellos que impactan de manera económica en la organización.

En nuestros tiempos en los que la tecnología nos ha ayudado a acercarnos a los lejanos también nos ha alejado de los cercanos y es importante retomar esa proximidad y esa calidez en la atención al cliente.

Y cómo lograr ese objetivo de atención y servicio al cliente, sencillo, tenemos que hacer un cambio de cultura en los métodos de gestión, sobre todo de nuestras fuerzas de ventas, enfocándonos en ya no tener como meta aplastar al enemigo o sea la competencia, sino más bien, el explorar nuestras capacidades, nuestras habilidades y desarrollarlas en los equipos; siempre con la mira puesta en ofrecer el mejor servicio ya sea que vendamos cemento, refrescos o jamones.

Nuestro principal producto deberá ser un servicio excepcional, el cual nos lleve a distinguirnos en el mercado y nos permita liderar nuestra industria.

Una de las ventajas de desarrollar esta calidez es la creación de vínculos estrechos con tus clientes, claro es, proponemos algunas maneras de generar estos acercamientos.

- Invitarlos a comer.
- Llámalos solo para saludar, alejados de cualquier tema de ventas.
- Mantente informado de temas de avances académicos de sus hijos.

Hablando del buen servicio al cliente, puede haber una gran cantidad de ejemplos, la gran mayoría, cuando son positivos y con resultados fructíferos para ambas partes tienden a ser muy motivadores sobre todo para los que estamos involucrados en alguna fuerza de ventas y vivimos día a día la adrenalina de sabernos responsables de la estabilidad de los clientes en la empresa.

Como lo he venido redactando. "No sólo se trata de precio, no sólo se está reteniendo a un cliente con la ventaja competitiva de te lo vendo más económico".
El servicio cada vez cobra mayor importancia, ya que éste puede afectar no sólo la reputación de nuestra empresa, sino también la reputación de nuestros clientes como responsables de suministrar nuestros productos o servicios hacia los minoristas.

No es la intención de este libro concentrarnos en las fuerzas de ventas directas de las grandes compañías fabricantes.
Solamente ponemos sobre la mesa las experiencias de ventas en grandes empresas. Sin embargo, considero que la verdadera batalla se da día a día por quienes ya invirtieron en nuestros productos y ahora en el mundo minorista generan su propia pelea, esto es uno de los aspectos clave que no hay que olvidar el sell out.

Sell out o desplazamiento

Siempre he pensado que este es uno de los aspectos clave en la empresa u organización, ya que es más caro cualquier cliente nuevo que un cliente estable.

Por lo tanto, cobra gran valor el tener una base de clientes estables y cotidianos que nos permita apalancarnos en un crecimiento ascendente y sostenido en el tiempo.

Para que esto se exista, hay que hacer que que muchas cosas pasen, desde tener una magnifica calidad en la producción del bien, producto o servicio que se vende, mantener una logística rentable y con buena imagen que nos enorgullezca y ser congruentes en las relaciones costo-beneficio, precio-calidad.

Es por ello que afirmo que el sell out o desplazamiento es lo que hace a las empresas grandes ya que a mi parecer no es vendedor el que te vende, si no el que te vuelve a vender.

Esto se llama captación de clientes estables que, para decirlo de alguna forma, es el objetivo principal de cualquier vendedor profesional.

Crear y desarrollar esta base de clientes estables.

En épocas recientes, en la llamada era digital se presenta el caso que hasta las cuentas de redes sociales con un número importante de seguidores se venden, todo esto con el objetivo de publicidad o propaganda. Sin embargo, al cambiar de propietarios las cuentas y migrar al nuevo formato de información emitida, comienzan a perder seguidores, que es lo opuesto a lo que se quiere.

Es por ello que se debe de considerar detenidamente todas las posibilidades al momento de generar un cambio en el administrador de las cuentas adquiridas, prever el estilo de la cuenta adquirida y que este se empate con el bien, producto o servicio que comercializamos, ya que cualquier movimiento puede repercutir en los clientes estables y potenciales adquiridos en la cuenta, ya que son estos los que nos proporcionan la masa de ingreso que nos mantiene generalmente con vida en el mercado.

Sin embargo, será una de las habilidades más valoradas en un vendedor profesional que sepa diferenciar los clientes estables, de los nuevos o potenciales. A continuación, vemos los casos.

Cliente potencial.

Otra de las características más importantes de un vendedor profesional es la capacidad que tiene para encontrar los clientes potenciales.

Estos son los que representan una oportunidad de negocio para la empresa, son aquellos que nos van a permitir apalancarnos para lograr un crecimiento sostenido en el mercado.

Mismos que nos verán como una oportunidad de crecimiento ya que la relación que se logrará fincar con ellos será de ganar ganar.

Un cliente potencial es aquel que reúnen varias características que nos va a permitir consolidar nuestro bien, producto o servicio como líder.

Algunas de estas características en ocasiones no cualquier vendedor las puede ver, sin embargo, un profesional hábilmente las puede identificar y diferenciar, permitiéndole hacer crecer de manera productiva su cartera de clientes. Algunas de ellas son las siguientes:

    ✓ Entusiasmo

Cuando hablamos de entusiasmo es fácil homologar esta característica con la actitud del cliente, minorista o distribuidor.

Y es que la actitud de este ante los desafíos que se vayan presentando, así como los retos que el mercado le impongan serán los que determinen la capacidad de éxito que se vaya a conseguir mediante su distribución.

✓ Fe en el producto, bien o servicio

Será importante que el cliente minorista o distribuidor sea un embajador del bien, producto o servicio que comercializa, deberá ser el principal promotor de las cualidades positivas de estos y mantenerse actualizado en todo lo relacionado a la industria.

✓ Infraestructura

Importante es que el cliente, minorista o distribuidor cuente con la estructura operativa en recursos humanos y materiales suficientes para afrontar el reto de la comercialización de manera efectiva y profesional del bien, producto o servicio en cuestión.

En este punto, es común que sucede en el mercado que se comiencen a generar apoyos hacia el minorista o distribuidor para conseguir que éste tenga la infraestructura necesaria e indispensable y para la comercialización del bien producto o servicio.

Se deberá tener mucho cuidado en no caer en el despilfarro con el objetivo de que este complete o disponga de la infraestructura completa para la gestión del negocio, sobre todo porque cualquier apoyo en infraestructura representa un impacto en las finanzas para nuestra empresa.

✓ Contactos o relaciones

Al tratarse de un cliente potencial, cobra relevancia el punto de que el cliente minorista o distribuidor cuente con contactos o relaciones que permita convertirlos en ventas desde los comienzos de la operación ya que en una empresa u organización de ventas siempre los primeros pasos o meses de operación son los más complicados financieramente hablando y es indispensable que este cuente con la oportunidad de transformarlas en ventas cuanto antes.

Al levantar la cortina, nos enfrentamos con el reto de salir al mercado, de incorporarnos a la industria y comenzar la batalla para ganar la preferencia de los clientes o consumidores. Es aquí, en este punto, en donde se deberá de capitalizar todos los contactos y relaciones que el cliente minorista o distribuidor tenga, con el objetivo de convertirlos en ventas y lograr la permanencia rentable desde los primeros meses de operación del negocio, de esta manera, se generará una cascada de buenas ventas desde los inicios que nos lleven a números sanos de operación y nos permita tener relación comercial productiva con el cliente, minorista o distribuidor.

✓ Experiencia en el ramo

Una característica muy deseable de un cliente potencial es que cuente con experiencia en el ramo; de esta manera, la curva de aprendizaje se torna casi imperceptible lo que elimina trastornos en la operación, sobre todo en el arranque.

Un vendedor profesional deberá ser capaz de identificar rápidamente estas características y capitalizarlas de manera expedita en favor del empresa a la que representa.

Será de vital importancia asegurarse que el cliente reúne claramente estas habilidades y características; si no todas, la mayor cantidad de ellas y no confundirlas solo con el objetivo de cerrar una venta.

La búsqueda de clientes potenciales deberá estar incluida en la agenda diaria del vendedor profesional, ya que con esto se logrará mantener una sana incorporación de clientes nuevos a la base, pero sobre todo clientes que permitan mantener el sano crecimiento de la organización y de la correcta presencia de nuestro bien, producto o servicio en el mercado.

Clientes nuevos

La forma correcta de saber si un cliente es nuevo, de primera instancia es contemplar a todos aquellos que estén en nuestra base de clientes con menos de 13 meses de operación, es decir, no tengamos un histórico de ventas de este cliente, mismo mes, año pasado, esto debido a que en la gran mayoría de las empresas la forma de medirnos es de manera anual, por lo tanto, la empresa en su administración a nivel micro que es de cliente en cliente debe de contemplar la misma plataforma.

Todo cliente que cumpla con esta característica será contemplado como cliente nuevo.

Cualquier cliente nuevo los líderes en ventas saben que se deberá tomar como inversión, es decir, desde el momento en el que se suma a nuestra base de clientes se corren riesgos, que hay que estar dispuestos a asumir, porque un cliente nuevo es alguien que comercializará nuestros productos, bienes o servicios en nuestro nombre, distribuyéndolos en el campo minorista y esto conlleva la responsabilidad de cuidar nuestras marcas y prestigio ganado en el tiempo.

Adicional a ello, hay otras inversiones que se deben hacer, por ejemplo, en el canal retail, si hablamos de un producto de consumo masivo, es importante considerar publicidad, fachadas, exhibidores, promotorías, artículos promocionales, y demás materiales necesarios para sobresalir en el punto de venta.

Es por esto que se considera también que un cliente nuevo es un cliente caro, ya que para poder notarnos en el punto de venta hay que hacer acompañamientos de mercadotecnia que tienen un costo considerable, además, suele suceder que en muchas ocasiones es necesario generar una estructura adicional para obtener dichos clientes, es decir, promotores o ejecutivos de expansión, invertir en censos, estudios y demás costos periféricos de estos, como combustibles, vehículos, herramientas de comunicación y oficina, etc.

Cliente estable

Hablando de clientes estables vamos a considerar como tales a todos aquellos en los que tengamos un histórico de ventas del mismo mes del año pasado, y sobre todo mes completo, esto siempre con el objetivo de tener una base en la cual medir las mismas condiciones, es decir; medir mismo cliente, misma ubicación y mismo desempeño.

Los clientes estables son todos aquellos clientes que cotidianamente tienen disponibilidad de nuestros productos, bienes o servicios y generar un margen de utilidad por su comercialización.

Los clientes estables requieren de un mantenimiento cotidiano que involucra tomarlos en cuenta en las estrategias comerciales que se diseñen y ejecuten en el mercado, así como todo el acompañamiento de dichas estrategias para el apoyo de la venta de los productos, bienes o servicios.

Es importante tener una clara definición de los clientes estables ya que un cliente de esta categoría no necesariamente es un cliente relevante para la empresa; atención: todos los clientes son importantes sin embargo tomando en cuenta su volumen, capacidad de pago, nivel de gestión podemos ubicar en la posición adecuada a los clientes para determinar su relevancia en la empresa, de esta manera como líderes de los equipos de ventas poder tomar decisiones acertadas y con miras a un óptimo crecimiento en el mercado.

Importante mencionar que no sólo el volumen de ventas, es relevante, también es indiscutible tener en cuenta que cuando se trata de productos la cobertura es indispensable.

Puede ser que el cliente en cuestión sea uno con un volumen de ventas pequeño, sin embargo, puede tratarse de el único cliente en la zona o región, lo cual nos genera cobertura y si esta es capitalizada puede dar muy buenos frutos en corto plazo.

Una vez que tenemos una base de clientes comienza el nuevo reto, el sell out o desplazamiento, tenemos que lograr que nuestros productos en el punto de venta se desplacen más rápido que los de nuestra competencia, esta rotación se genera gracias a una suma de factores que nunca hay que perder de vista, ya que cada elemento cuenta y nos lleva al éxito.

Disponibilidad

Si hay algo que tenemos claro en el mundo de las ventas es que la disponibilidad vende, sin embargo pareciera que esta regla de ventas es de las más obviadas, porque en muchas ocasiones sucede que no se le presta la atención debida; pero sobre todo nos dejamos caer en el juego del cliente minorista con el típico argumento ¨pero si eso Yo no lo vendo para que lo compro¨ peor aún, me ha tocado escuchar argumento de clientes, minoristas o distribuidores que a pesar de que les dejen las mercancías o productos a consignación, es decir pagarlo hasta que lo venda, ni así los quieren tomar, estimado lector, este es el primer signo de que este negocio tiende a desaparecer y no vale la pena invertir más en el.

La suma de todas las disponibilidades de productos son las que hacen de un punto de venta exitoso y si esto comienza a fallar por decisión del empresario, este está cayendo en el principio de su fin.

Importante como vendedores, es que siempre empujemos a que exista disponibilidad de nuestros bienes o productos en el punto de venta, o en el catálogo del cliente, minorista o distribuidor, sin embargo hay que tener en cuenta siempre que se deberán analizar las capacidades de desplazamiento de cada cliente, para no saturar y dejar producto de más, que vaya a generar mermas, provocar notas de crédito o devoluciones en el futuro, que además, de provocar costos negativos a la compañía, financieramente hablando, también dan una publicidad negativa con nuestros socios comerciales.

Es por esto que debe de existir una conciencia en nuestra gestión de ventas y sobre todo, honestidad en nuestro actuar como profesionales en la industria.

Si bien acabamos de mencionar que la disponibilidad vende, lo que nos va a convertir en verdaderos profesionales es la plena conciencia en nuestro ejercicio de ventas, para no provocar sobre inventarios en el cliente.

Adicional a los beneficios de ahorrarnos reprocesos, notas de crédito y devoluciones.

También ganaremos la confianza de nuestros clientes de nuestro honesto proceder.

Ubicación en lay out

Una vez que tenemos garantizada la disponibilidad en el punto de venta (favor nunca olvidar eso, la disponibilidad vende), será de vital importancia hacer una evaluación de la distribución del lugar para obtener la mejor ubicación dentro del local, es decir un rápido barrido al lay out del lugar y encontrar nuestro punto ideal para comercializar nuestros productos o servicios; este punto, no es privativo para áreas físicas, también aplica para ventas digitales, llámese, en la página de ventas de nuestro cliente, o redes sociales, debemos encontrar la manera de posicionarnos en un lugar ventajoso para generar ventas superiores de nuestros productos o servicios.

Recordemos que todo comunica, y si comunica, vende.

Por ejemplo, si un cliente o distribuidor manda a hacer volantes, flyers o revistillas de catálogo de publicidad, debemos encontrar la manera de que nuestras marcas estén presentes, claro está buscando la manera que sea en el menor costo posible para nosotros.

De esta manera podremos garantizar no sólo la buena exposición de nuestros productos o servicios, sino que también, independientemente de las ventas que se generen por la exposición o sobre exposición, podríamos tener acceso a ventas por impulso o ventas cruzadas.

Las ventas por impulso son aquellas que el cliente no estaba buscando comprar, sin embargo, al estar los productos o servicios acompañados por una buena comunicación y una correcta estrategia de precios, terminan convenciendo al cliente que debe adquirirlos, este fenómeno sucede cotidianamente en los autoservicios, y nos referimos a todos esos artículos extras que suman la cuenta al final y que no estaban en la lista de compras del día.

Hablando de las ventas cruzadas, básicamente, hablamos de promociones hechas con productos o servicios de propulsión que generalmente están relacionados con el producto o servicio que nosotros vendemos. Y provocan en el cliente la necesidad de tener ambos, esta técnica es recurrente sobre todo cuando nuestro producto o servicio no es líder en el mercado y se busca apalancarlo con otros para generar ventas adicionales con productos o servicios que sí lo son.

Por todo esto siempre se deberá prestar mucha atención a la ubicación dentro del lay out de nuestro bien o producto, ya sea físicamente, en los espacios dentro de local del cliente o como lo mencionamos en sus diversas comunicaciones digitales o impresas.

Frenteo

Una vez conseguida la ubicación dentro del punto de venta, cobra especial importancia el espacio del cual nos podemos apoderar en él, ya que cuando hablamos productos tangibles, la capacidad de gestión que tengamos para ocupar espacios en el anaquel, sobre todo, en el canal retail, seguramente pagará buenos rendimientos con altas ventas.

Este punto se convierte en una nueva guerra; una batalla que hay que luchar día con día ya que todos los vendedores profesionales tenemos claro que una vez contando con la disponibilidad de sus productos en el punto de venta, y habiendo conseguido la mejor ubicación dentro de el, la cantidad de frentes en el anaquel será determinante para el cumplimiento del objetivo de ventas en el punto de venta.

La creatividad de la mercadotecnia se vuelve primordial para capitalizar todos los beneficios del espacio conseguido, así como para mantenerlo.

Por lo tanto, será primordial que el departamento de mercadotecnia o las personas responsables de diseñar en la empresa la comunicación comercial y las formas de capitalizar los frentes ganados en el punto de venta estén perfectamente involucrados en la situación real del mercado, ya que se deberán de diseñar los elementos de comunicación y estrategias de ventas adecuadas al mercado y canal.

Es común que estos departamentos funcionen como laboratorios internos en donde escasamente salen a mercado a empaparse de las condiciones reales, así que como profesionales de las ventas contamos con dos responsabilidades en este tema las cuales son:

- Retroalimentar a dichos departamentos de la forma más rápida y con el lujo de detalle suficiente para dejar claros los escenarios externos.

- Persuadir a estos colaboradores a salir al mercado y que vivan la experiencia de mercado en carne propia.

Frescura, caducidad o actualizado

Una vez que existimos en el punto de venta, página de ventas del cliente o folletos promocionales; habiendo verificado que el lugar que ocupamos en estos espacios es el indicado y teniendo la exposición correcta, es de vital importancia que validemos que nuestra frescura, caducidad o actualización es la correcta, ya que tiende a suceder que en la enorme cantidad de operaciones de la compañía, pasa que habiendo conseguido todo lo anterior fallamos en lo que se puede decir más sencillo, que es no tener en exhibición el producto con las características adecuadas, es decir, si el producto es un perecedero, que la caducidad no sea la óptima, o este próximo a vencer, no sea de la frescura correcta.

Puede suceder también que este otro punto sea pasado por alto, es por ello que es importante checar que la imagen sea la correcta, ya que sucede a menudo en los cambios de imagen, rediseños de empaques, o promociones estampadas en los productos, si ya son anteriores al actual genera una mala imagen y claramente transmite una desatención a nuestro mercado por parte de la compañía, y recordemos que generalmente somos las fuerzas de ventas los que somos la cara visible de las organizaciones.

Cuando hablamos de materiales digitales e impresos el efecto negativo puede ser exponencial ya que es muy complicado medir el impacto en cantidad de gente que recibe el mensaje.

Comunicación

Uno de los aspectos más amplios dentro del mundo de ventas puede decirse que es la comunicación íntimamente relacionado con el área de mercadotecnia, esto debido a que se cubren todos los puntos que impactan de una manera relevante el desempeño del bien, producto o servicio en el mercado.

Sin duda alguna la comunicación es para la mercadotecnia de las principales funciones, ya que el desarrollo de esta juega directamente en el volumen de ventas, una vez que el equipo de ventas ha hecho el trabajo relacionado a la disponibilidad, ubicación en el layout, frenteo; se considera que el siguiente paso es la comunicación.

En este punto no sólo se trata de hacerle saber el precio al cliente, sino de expresarle de la manera más concisa todas las características positivas y sobretodo de una manera muy sutil hacerle saber al consumidor el beneficio, prestigio, problema que le resolverá, ventaja que tendrá, etc. Pero sobre todo la comunicación debe conseguir que desee nuestro producto, que lo necesite.

La comunicación de nuestro producto, bien o servicio, deberá estar diseñada y encaminada a que sume en el objetivo principal de la inversión en mercadotecnia y es que nos ayuda a vender la colocación de la marca en la mente del consumidor a base de tener presencia en su vida cotidiana, siendo así, una manera natural de acercar y familiarizar el producto, bien o servicio a los consumidores.

De esta manera ayudar a construir la preferencia de la marca, hasta que se logre capitalizar en la compra o adquisición por parte del cliente o consumidor.

La comunicación juega un papel muy importante en el mundo de las ventas y nosotros como vendedores debemos de asumir el reto, sobre todo, refrendar día a día nuestro compromiso para lograr una comunicación exitosa de lo que vendemos.

Por su puesto recordar que la comunicación en el punto de venta se convierte en un vendedor, promotor de nuestros bienes, productos o servicios en toda oportunidad que tenga un cliente de estar en su presencia. Por lo tanto, deberá ser una de nuestras prioridades el encontrar la mejor manera para que nuestra comunicación cumpla tal objetivo.

Esmerarnos en su colocación de forma estratégica para conseguir el impacto suficiente que nos permita ganar la preferencia del cliente o consumidor.

Jamás debemos de pasar por alto la comunicación de nuestros productos, bienes o servicios; ya que siempre están vendiendo, muy importante es pues mantener la comunicación en óptimas condiciones y generando impacto.

Puede darse el caso de que nuestra comunicación después de un tiempo genere lo que denominamos ¨ceguera de taller¨ y será de vital importancia tomar cartas en el asunto para potencializar el impacto de nuestra comunicación nuevamente.

Esto lo podemos lograr con tan sólo cambiar de posición la comunicación a otro de los puntos estratégicos y así cambiar el panorama de los clientes y llamar nuevamente su atención.

No es necesario que se haya cambiado el diseño o imagen de la comunicación, incluso podría ser el mismo que se retira de una zona del punto de venta y se coloca en otro, de esta manera lograremos generar un impacto nuevamente.

Somos lo que pensamos y lo que decimos, por lo tanto, debemos poner mucha a tención a la manera de comunicar, nunca está de más buscar la oportunidad de involucrarnos como líderes de ventas por lo menos con ideas en los procesos de diseño de la comunicación, aun que nuestra principal labor sea la ejecución.

Compromiso del cliente minorista

Poco podemos lograr para conseguir los mejores resultados de este ¨proceso de la buena venta¨ si no es obteniendo el compromiso del cliente mayorista, minorista o distribuidor.

Ya que es mediante ese compromiso que se adopta de primera instancia (sea por la promesa de buenas ventas o márgenes atractivos de utilidad) que se construye el cimiento de las buenas ventas.

Sin embargo, puedo asegurar que no sólo se trata de márgenes de utilidad; es también la construcción de la relación positiva, honesta y cabal entre nosotros como vendedores y nuestros distribuidores.

Este compromiso ayuda a un rápido posicionamiento de nuestros bienes, productos o servicios ofrecidos al mercado a través del distribuidor o minorista, pero si ganamos sobre todo una mejor exposición en relación a nuestra competencia.

En este sentido considero vale la pena apuntar que siempre será mejor hacer negocios con clientes que te considere como amigo que, con solo clientes, con esto lo que pretendo transmitir es que debemos de lograr como vendedores profesionales desarrollar la confianza y el compromiso de nuestros clientes y distribuidores con el objetivo de beneficiar nuestros volúmenes de venta y participación en el mercado.

Siempre manteniendo un leal profesionalismo que nos permita poseer una intachable conducta con estricto apego a los valores, normas y políticas de la empresa.

Al mismo tiempo de convertirnos en elementos valiosos para la misma debido a nuestros resultados.

Es por ello que el compromiso deberá ser algo perceptible, en un distribuidor potencial y nosotros como vendedores profesionales será indispensable que lo podamos leer e identificar claramente, pues en la apuesta de conseguir los mejores clientes esta característica podríamos considerarla como principal.

Tipos de vendedores

Si un vendedor profesional hay algo que tiene claro es la honestidad con la que se debe de manejar siempre en su proceder ante sus clientes.

Cobra vital importancia debido que al tratarse de un vendedor profesional dedicado a su industria y con una carrera que lo respalde o la intención de crearla, mantener una alta credibilidad en la línea de gestión tanto hacia sus superiores en la cadena de mando de la empresa, como con sus subordinados, así como mantener la credibilidad y honestidad ante sus clientes actuales y futuros.

Un vendedor profesional en nuestros tiempos dista de la imagen bonachona, merolica y mitotera de épocas pasadas. En la actualidad un vendedor profesional se preocupa por mantener sanos sus volúmenes de ventas, sus alcances de objetivos o metas, su cartera y todos los aspectos que involucren el profesional desempeño en su línea de gestión.

Es por ello que la capacitación y el interés por la mejora continua cobran un alto valor en la vida profesional del vendedor actual.

En el inmenso mundo de las ventas existen muchos estereotipos de vendedor, siendo unos más clásicos que otros, sin embrago no podemos generalizar el estilo y desempeño de cada miembro de los equipos ya que con el tiempo las características de cada estilo tienden a entremezclarse y desarrollar personalidad propia en cada ejecutivo o responsable de ventas al grado que es por decirlo de alguna manera infinito el número de mezclas.

Sin embargo, hay características muy marcadas en cada estilo y aquí se exponen algunas de ellas:

El tiburón abusón

Este tipo de vendedor es muy común ya que se puede decir que en el ADN de cualquier equipo de ventas está presente esta característica y se considera en ciertas organizaciones como normal, este tipo de elemento normalmente está atento y dispuesto a siempre ganar, pero costa de los que sea, incluso si las formas tienden a ser éticamente cuestionables.

Para este tipo de vendedor es más importante el resultado personal que el del equipo completo o compañía y tradicionalmente se encuentran es todas las organizaciones y en todos los niveles jerárquicos.

Para el vendedor abusón cualquier cuestionamiento con respecto a sus formas o procedimientos son de menor importancia con respecto al resultado y no es prioridad el estricto apego a las políticas, sobre todo las que le limitan directamente en su actuar y gestión de ventas y alcance de alguno de sus objetivos, por supuesto si este repercute mayormente en su retribución variable.

Este elemento también se caracteriza por simular ser buen

compañero y hacer notar apoyo y empatía con sus homólogos y compañeros, aunque en realidad esto sea solo eso, una simulación.

En muy común que este tipo de vendedor se mimetice perfecto en algunas organizaciones debido a que en las mismas se tiene este perfil, sin embargo, en los tiempos modernos, dichas organizaciones tienden a desaparecer ya que ofrecen la posibilidad de sus servicios o productos abiertamente a los clientes y estos no tardan en encontrar opciones o alternativas más eficientes y profesionales, pero sobre todo organizaciones con enfoque ganar ganar.

El vendedor abusón no es una especie en peligro de extinción y aunque con la velocidad en la que el mundo de las ventas se mueve actualmente y esto no le permita librar algunas sus batallas y termine por ser un entregador de resultados positivos de vez en cuando siempre termina por no poder amalgamarse en las organizaciones y pasar a ser una estadística más de baja en las empresas.

Es importante que reflexionemos que no todas las características de este elemento son tan negativas, y si este llegará a incorporarse en una organización con altos valores, estándares bien definidos y con seguimientos responsables por parte de los líderes, puede darse el caso que se convierta en un vendedor experto y capaz de ser un ejemplo de persuasión y perseverancia, sin embargo, no se deberá de dejar a un lado el seguimiento y el monitoreo en estos elementos ya que podrán caer fácilmente en prácticas no aceptables para la organización.

Sin duda como líderes de equipos competitivos de ventas podemos ser seducidos por algunas características de este tipo de vendedor, pero será de vital importancia mantener una supervisión estricta y con sumo apego a los valores del correcto actuar y el profesionalismo.

El desleal

Sin duda uno de los retos de cualquier departamento de recursos humanos en las organizaciones es encontrar al vendedor desleal antes de incorporar a la empresa ya que el ADN de este tipo de vendedor es por llamarlo de alguna forma imposible de cambiar.

En el mundo de las ventas son más comunes de lo que quisiéramos y las deslealtades están a la orden del día.
 Muchos de los esquemas de administración modernos están fundamentados en el desarrollo de técnicas para poder detectar desvíos y deslealtades que pueden surgir dentro de la operación, sin embargo, estos sólo se deben a que los individuos que no son honorables y capaces de mantener los estándares éticos necesarios dentro de un equipo de trabajo y tienen acceso a los recursos de cualquier índole de la empresa.

En las fuerzas de ventas suele suceder que se llegan a colar este tipo de personas generando no solo perdidas económicas sino también promoviendo desconfianza de clientes hacia nuestra empresa.

Debido a ello, en las organizaciones se han implementado métodos de control interno, fiscalías, auditorías, seguimiento y un sin número de gestiones que provocan lentitud en la toma de decisiones, así como centralización de las mismas y sobre todo muestran un panorama de desconfianza en el diario actuar de los equipos de trabajo.

Un colaborador desleal genera un profundo impacto negativo a nuestros clientes ya que al detectar la presencia de uno de ellos generalmente el daño ya está hecho y cotidianamente con repercusiones hacia el cliente de manera directa y claro está en muchas ocasiones aún después de la separación del elemento de la compañía es indispensable resarcir el daño a nuestros clientes generando esto un impacto financiero negativo en la empresa.

Sin duda alguna es responsabilidad de quien supervisa a los equipos el mantener el estándar ético en su punto más alto y es imperdonable que se detecte una deslealtad llámese toma de dinero o beneficios no propios y que no se reprenda al culpable de inmediato y se tomen las acciones mínimas indispensables. Este tipo de situaciones repercuten siempre en el estado de resultados, ya que con el objetivo de controlar los desvíos, desfalcos, fraudes, deslealtades se ha tenido que generar grandes equipos de trabajo para supervisión, arqueo de finanzas y políticas; impactando el costo de estos equipos directamente en las utilidades.

Debido a esto se considera que el vendedor actual debe ser una persona con los conocimientos técnicos del producto, bien o servicio que vende o promueve, independientemente de las habilidades necesarias de persuasión y orientación a resultados que por naturaleza todo vendedor debe contar.

Ahora es también de vital importancia que el vendedor cuente con un alto grado de honorabilidad, ética y reputación intachable que permita generar dentro de la compañía con jefes, homólogos y colaboradores un grado de confianza en su leal desempeño y hacia afuera de la compañía, de cara a los clientes o prospecto la capacidad de ser totalmente transparente en su actuar y sus procesos de gestión para que esto conlleve a generar un ambiente de confianza y de buenas ventas.

El Colchonero

En el inmenso mundo de las ventas se puede decir que, hay un gran número de indicadores a medir. Algunos indicadores son más relevantes que otros, en el mundo de las ventas, conocemos a un tipo de vendedor ya sea ejecutivo, supervisor, gerente e incluso en niveles directivos sucede, como ¨colchonero¨.

Más adelante nos encargaremos de tocar estos temas relacionados a los diversos indicadores según el tipo de empresa y los bienes, productos o servicios que se ofrecen.

Se le conoce como ¨colchonero¨ porque se acolchona; la característica principal de este es que hace una magnífica labor al grado de tener la capacidad de exceder los objetivos pactados con él; y en lugar de comunicarlo a su jefe o a la compañía prefiere guardar ese resultado para el siguiente mes o para el siguiente ciclo, según como se le vaya midiendo, esta característica no sólo es aplicable en cuanto a volumen de ventas, también sucede con cualquiera de los indicadores que se le midan al colaborador, pueden ser ventas propiamente, cobranza, clientes, colocación de algún producto de impulso en específico, etc.

No es incorrecto administrar los indicadores a modo de generar beneficios al representante o gerente de ventas, la parte éticamente no correcta es no comunicarlo a la organización ya que se interpreta como una deslealtad hacia la empresa o equipo.

Aparte se considera éticamente incorrecto esto debido a que la empresa debe estar enterada de todas las posibilidades a las que tiene alcance y si eso no sucede se considera un perjuicio para con ella, ya que, al no contar con la información completa de las posibilidades de ventas, cobranza, colocación de productos específicos la toma de decisiones en la dirección puede ser incorrecta.

Generalmente esto sucede sobre todo, cuando, el indicador va ligado a algún incentivo económico para el elemento en cuestión de esta manera el esfuerzo realizado en un mes o en un periodo de medición tiene impacto positivo financieramente no sólo en el mes del esfuerzo sino en los meses siguientes para el elemento.

Esta práctica es cada vez más común y lamentablemente permea muy rápido las organizaciones de ventas que en su mayoría premian los esfuerzos de los equipos económicamente.

Una manera de contrarrestar los efectos generados por este tipo de vendedor es teniendo líderes en la organización superiores a este tipo de elementos con un alto grado de involucramiento en la gestión de su equipo. Es decir mantener estrecha supervisión de los colaboradores colchoneros para estar enterados de la situación de los mercados que atienden y no permitir la incorrecta manipulación de los temas con los clientes o prospectos por parte de este tipo de elementos.

El novato

Se considera que si hay alguna característica generalizada en el catálogo de tipos de vendedor estándar es precisamente esta; "El novato", ya que todos en algún momento hemos sido novatos en incluso por muy experimentados que estemos en el mundo de las ventas, siempre existe la oportunidad de volver a ser novato, de volver a aprender.

Sobre todo, debido a que el universo de las ventas es tan grande y tan amplio, siempre existe algo diferente que vender; por lo tanto, cuando cambiamos de industria, cuando decidimos vender algo diferente, técnicamente nos convertimos en novatos y comenzamos a reaprender; probablemente con el paso de los años esos procesos de aprendizaje de ventas sean más ligeros, ya que existe en nuestro interior la experiencia suficiente para adaptarnos a estos procesos de cambio; sin embargo hay momentos en los que somos novatos al 100% y aquí es de vital importancia contar dentro de la organización con personal altamente calificado, pero sobre todo, comprometido con el apoyo y desarrollo de este personal de recién ingreso. Un novato puede ser tan bueno o tan malo en sus resultados como el líder que lo guía; casi siempre ocurre los primeros resultados entregados por un novato básicamente serán resultados de su líder, jefe, o supervisor.

Sin embargo, sobre la marcha es responsabilidad de este líder ir soltando al novato e ir exigiendo que se cumplan y se excedan los resultados solicitados a este. Por parte del personal novel es importante mantener siempre una alta disposición a aprender a un compromiso elevado en la generación de resultados y sobre todo una actitud positiva y abierta a recibir indicaciones y correcciones de los procesos que esté llevando.

El novato no sólo debe esperar apoyo, dirección y liderazgo de parte de sus jefes o supervisores, esto también lo puede recibir y capitalizar por parte de sus homólogos con mayor experiencia. Siendo lo más recomendable que al ser novato busque el apadrinamiento del personal con mayor experiencia dentro de la organización de esta manera evitará cometer costosos errores y para él y la compañía.

Como líderes no debemos olvidar que este tipo de personal puede llegar a ser altamente influenciables por lo tanto es indispensable que la supervisión de este sea dada por los mejores elementos dentro de la organización, generando así, una cascada de conocimientos positivos en los bienes, productos o servicios que vendamos generando de esta manera un óptimo desarrollo de nuestra fuerza de ventas desde que nace.

Como novato es indispensable mantener una actitud positiva, abierta y con estricto apego a las normas reglas y procedimientos de la organización. Mantener también una gran disponibilidad a los trabajos y oportunidades que se vayan brindando dentro del proceso del negocio para aprender más, es decir, entre más sean los procesos en los que el novato se involucre, al menos como espectador, más rápido absorberá lo que es indispensable para la organización, esto le permitirá entregar mejores resultados en menor tiempo, acortando así la curva de su aprendizaje y convirtiéndose en elemento Valioso para la organización que le brinda el oportunidad de pertenecer a su equipo.

El Sr. Descuento

La gran tentación de todo vendedor es siempre encontrar la manera de ser líder en su ramo, ser el mejor vendedor, el que administra más volumen dentro de la compañía y esto le permite brillar y figurar, ya que esto es parte de la naturaleza de todo líder en ventas. Por lo general, en casi todas las organizaciones sucede que nuestros clientes mantienen un estado típico de descontento, por naturaleza, no porque nuestro bien, producto o servicio sea malo, no porque los márgenes que ofrecemos a nuestros clientes no sean atractivos, o por el servicio y la atención que se le esté brindando no sea el mejor, el más esmerado y profesional.

El cliente mantiene un cierto grado de descontento por naturaleza debido a que de esta manera sabe y entiende que puede existir la posibilidad de generar algún beneficio adicional a su favor, con el simple y solo hecho de quejarse. Difícilmente encontraremos en nuestra industria clientes satisfechos en su totalidad por más esmero en nuestros productos, bienes o servicios, en nuestra calidad en la atención; porque el cliente sabe y tiene la creencia por lo general que siempre habrá algo más que le podamos dar.

Es importante que tengamos esto presente ya que como vendedores es fácil caer en el juego del cliente y en la gran mayoría de las empresas si alguien tiene poder de gestión hacia el interior de la compañía somos los vendedores, por lo tanto, puede ocurrir que un vendedor, aunque sea experimento, caiga en la tentación de generar beneficios o descuentos adicionales a los clientes generando así, aunque sean mínimas, repercusiones negativas para la empresa.

Y tiende a ocurrir que una vez que se ha generado algún beneficio adicional al cliente sobre todo descuentos, este después de un breve tiempo exige más y más y más apalancando de esta forma nuestra gestión de ventas en base a la necesidad de generar descuentos y/o beneficios adicionales a nuestros clientes hasta llegar el momento en que un vendedor puede convertirse en un señor descuento y la única forma en la que podrá seguir gestionando su volumen de ventas o el indicador que se le esté midiendo, sea mediante el el otorgamiento de beneficios adicionales hacia el cliente, generando así perjuicios a la empresa.

Como líderes de un equipo de ventas es importante mantener estrecha comunicación con nuestros colaboradores y una alta penetración en la gestión de es estos, para identificar prontamente este tipo de situaciones y detenerlas antes de que se cause un daño financiero a la empresa por dichos descuentos o beneficios o por la pérdida de clientes debido a la insatisfacción de sus demandas. Una de las opciones que tenemos como líderes para detener este tipo de situaciones es la rotación en nuestros equipos de responsables ya sea cambio de rutas, reasignación de clientes, restructuraciones, etc. De esta manera mantendremos una sana gestión de ventas y apalancamiento para el alcance de los indicadores exigidos por la organización.

El viejo lobo

Si hay algo atesorado dentro de las empresas en las organizaciones son sus colaboradores senior.

Generalmente son a quien se les asigna las más altas responsabilidades dentro del equipo, los clientes más grandes, los volúmenes de ventas más importantes y sobre todo la responsabilidad de ser gestores de las decisiones de mayor impacto en la organización.

Este tipo de elementos conocidos en nuestro argot como los viejos lobos en la actualidad sumamente atesorados por las organizaciones.

En nuestros tiempos la información fluye tan rápido que tenemos la posibilidad de entrenar y auto entrenarnos sólo con quererlo, siendo así elementos muy valiosos para la empresa.

Es importante identificar como líderes cuanto antes esta característica en nuestros elementos, ya que esto, nos va a permitir consolidar una robusta organización y asignar las tareas y responsabilidades de manera adecuada, así pues, de esta manera obtendremos los equipos perfectos para asumir y enfrentar los retos que la empresa y la organización nos asigne.

De vital importancia será que al asumir este rol, sepamos mantener y engrandecer nuestro estatus relevante en la organización, ya que esta responsabilidad normalmente conlleva adicionalmente de la obtención de los objetivos esperados la responsabilidad de ser un ejemplo para el resto del personal y la encomienda del entrenamiento de los novatos, siendo esto en algunas ocasiones una carga extra, que hay que estar dispuestos a llevar, si lo que se desea es sobresalir en la organización y generar así un desarrollo y crecimiento personal y profesional.

Un viejo lobo sabe que una de las actitudes que debe de pulir, conservar y atesorar es la humildad para poder ser líder y guía moral en la organización; sin esta característica difícilmente podrá ser reconocido como él quisiera y sólo se convertirá en un vendedor con buenos resultados en su gestión.

Como líderes al identificar este tipo de elementos es importante no perder de vista que esta característica tiende a sumar hacia nuestro resultado, será de vital importancia seguir motivando a este personal, para que continúe por ese camino, incluso impulsarlo hacia su crecimiento.

Suele suceder que con el objetivo de mantener los resultados en nuestros equipos, hay líderes, que coartan en el crecimiento y el desarrollo de este tipo de elementos, es algo que no debemos permitir, que no nos domine la zona de confort, por el bien de la empresa antepuesto al nuestro, recordemos que debemos de buscar el crecer juntos y si un miembro de nuestro equipo crece y se desarrolla es un logro personal del líder y entre más elementos de su equipo crezcan y escalen posiciones importantes dentro o fuera de la organización lo convertirán a usted también en un viejo lobo.

Ventas, arte, técnica, ciencia

Una gran controversia existe en la definición de lo que los vendedores hacemos.

Más allá de la precisión de nuestro actuar diario existe un grupo que se mantienen en la postura que las ventas es una ciencia; debido a que sus procesos pueden llevarse a cabo de manera sistemática, medible y verificable.

Sin embargo, importante es en el mundo de las ventas, mantener una amplia flexibilidad en todo el proceder, siempre y cuando exista un estricto apego a las normas y ética profesional.

Existe otro grupo que propone que el dedicarse a las ventas es ejecutar una técnica que permite llevarse a cabo mediante procedimientos y el desarrollo de habilidades que normalmente son ejecutados sin demasiado apego al manual y adaptándose a las necesidades del cliente y condiciones del mercado al momento de la negociación.

Hay otra corriente cada vez más creciente que considera las ventas más que ser una ciencia o una técnica la posicionan como un arte, y las justificaciones para este argumento es que aunque es una suma de habilidades que se pueden desarrollar con el tiempo y con la práctica, las ventas que ejecuta un vendedor profesional en la mayoría de los casos suele suceder que no las puede detonar otra persona y éste es uno de los argumentos más fuertes de esta corriente que postula a las ventas como arte; y es como funciona un pintor por ejemplo; cualquiera puede tener acceso a lienzos, pinceles, óleos, acuarelas y a pesar de contar con esos materiales difícilmente este individuo sin la habilidad artística podría convertirlos en una obra de arte.

En conclusión, podemos afirmar que un vendedor profesional es aquel que posee ciertas habilidades innatas y que en complemento ha desarrollado ya sea por práctica en la ejecución de las ventas día a día, o por capacitación, un conjunto de habilidades y procesos que se van desarrollando a lo largo de la negociación casi de manera natural conformando esto un sistema para vender con un alto grado de éxito.

Vale la pena destacar que, aunque es deseable contar con características de ventas innatas, para el desarrollo de un vendedor profesional, no es requisito indispensable, para la formación de este, sin embargo, si es necesaria la dedicación, disciplina y perseverancia que tienden a pagar con muy buenos resultados a cualquiera que tome el papel seriamente.

Un vendedor profesional nunca pierde, ya que gana o aprende. Sin embargo en el **ADN** del vendedor profesional viene profundamente marcado la característica de ganador, por lo tanto siempre buscará encontrar la manera de ganar. Importante es recordar la frágil separación entre ganar y aprender, algo así como un cascarón de huevo.

Y es que somos como un huevo; podemos podrirnos si nos prestamos atención o podemos convertirnos en un magnífico y brillante gallo.

La diferencia está en el cuidado de nuestro desarrollo, tanto interior como exterior. Si el cascaron se agrieta no prosperará, tienes que prepararte, generar las condiciones, recorrer el proceso y madurar aprovechando el tiempo.

Una vez que estés listo, trabajar fuerte, ya que el polluelo debe de romper el cascaron desde dentro para salir.

Cuando menciono trabajar desde dentro, básicamente la referencia es hacia la capacitación y auto capacitación, de la cual nos debemos de preocupar, si existe un programa de capacitación en la empresa u organización a la que perteneces, siempre mantente informado de este, y aprovéchalo tanto como te sea posible, involúcrate en los procesos de capacitación y sé miembro activo de ellos. De esta manera tendrás la oportunidad no sólo de adquirir conocimientos, técnicas y habilidades inherentes a la organización a la que perteneces, si no, también mostrarás a la directiva tu gran disposición y actitud de aprender y crecer, lo cual tendrá resultados positivos en corto plazo. Independientemente de esto mantén presente que la capacitación tiene un costo monetario y si la empresa a la cual perteneces te lo brinda de forma gratuita sería una decisión incorrecta no aprovechar dicha prestación.

La capacitación más que cualquier otra cosa nos permite generar las condiciones adecuadas de conocimiento y habilidades para convertirnos en piezas valiosas y fundamentales para la organización o empresa, así es que no lo pienses tanto, apúntate a la capacitación y aprovéchala en su máximo. Esto nos permitirá crecer de manera interior.

Regresando a nuestra analogía, otro punto que debemos de considerar es cuidar nuestra imagen ya que esto es el exterior. Es lo que la gente ve de nosotros, es muy importante mantener esa percepción de manera sana recordemos que un huevo que se rompe desde afuera no prospera ten presente que las personas se ocupan de ellas, tú ocúpate de ti.

Y siendo muy insistente en el punto de tener que ocuparte de ti, es la propuesta que hacemos para conseguir tu propio método, ya que en ventas difícilmente podemos pensar que existe una única forma de hacer que las cosas pasen, más que en cualquier otro campo, el área comercial o la fuerza de ventas deberá estar siempre acompañada de una alta creatividad que nos permita desarrollar métodos, sistemas y habilidades para poder cumplir con nuestros objetivos, esto nos lleva a que en la carrera de ventas un punto primordial que un vendedor profesional debe practicar en su día día es la adaptación, ya que el volumen de ventas es directamente proporcional a tu nivel de adaptación, pequeños cambios a las ideas generales que se van desarrollando y generan formas diferentes de vender y de hacer llegar nuestros productos, bienes o servicios al cliente.

Estas variaciones se han venido desarrollando en los últimos 100 años y debido a esto es que existen la segmentación por canales, segmentación de clientes y demás variantes que van surgiendo en el camino.

Cada vez es más frecuente encontrarnos con diferentes posibilidades de vender y es por eso que el vendedor profesional debe estar abierto al cambio y adaptarse, pero, sobre todo, debe de ser el principal impulsor de estos cambios y modificaciones en la forma de vender ya que deberá marcar el paso a la empresa u organización para irse adaptando a las nuevas necesidades, pues empresa que no se renueva tiende a desaparecer.

Indicadores (factores críticos de éxito)

Para cada organización dedicada a la comercialización de algún bien, producto o servicio es de vital importancia tener indicadores claros para toda su gestión.

Llámense el departamento de ventas, producción e incluso la administración de la misma. Es por ello que existen los KPIs (Key Performance Indicators) que significa factores clave de rendimiento, también conocidos como factores críticos de éxito. Con ellos podemos apalancarnos para llevar a cabo una supervisión correcta y productiva para la compañía.

Los factores críticos de éxito son todos aquellos indicadores que tienen la característica de ser medibles, con estos factores podremos identificar de manera rápida las desviaciones que se pudieran estar generando en los diversos procesos de administración de las organizaciones.

Todo indicador deberá contar con la característica de poder ser medible, ya sea en el mismo razonamiento de su naturaleza o por tiempo, estos dos aspectos permitirán realizar los ajustes necesarios en las implementaciones de las estrategias comerciales, de gestión y en el área de producción con el objetivo de garantizar la correcta administración, expansión y crecimiento de las organizaciones.

Los **KPI** o factores críticos de éxito existen por la necesidad de poder realizar la supervisión correcta con el objetivo de mantener la posición de la empresa en el mercado, y no sólo mantenerla, si no también mejorarla y engrandecerla.

En el mundo de las ventas son de vital importancia los factores clave de rendimiento debido a que es a través de ellos que podemos determinar la factibilidad de las estrategias comerciales ejecutadas en el mercado. Asimismo, nos permiten develar la real posición de nuestros bienes, productos o servicios ante la competencia, independientemente de ser herramientas básicas para las tomas de decisiones en las organizaciones.

Se puede decir que en la actualidad las grandes inversiones en software administrativo de las compañías están encaminadas a entregar precisamente los factores para medición de los puntos críticos para el éxito de manera rápida y real, ya que, en la actualidad, la velocidad en la que se administran los negocios es tan veloz que es sumamente relevante contar con información verdadera y expedita en tiempo real.

En la actualidad es impensable el pretender administrar una compañía que intente tener un desempeño positivo y creciente en el mercado sin tener factores críticos de éxito medibles y con la capacidad de ser leídos con sencillez por cualquier elemento de la corporación.

 En la actualidad cada colaborador deberá estar enterado del desarrollo de cada uno de los indicadores clave que se midan en el departamento o área funcional al que este encuadrado con el objetivo de que todos sus esfuerzos sumen en el correcto desarrollo, expansión y crecimiento de la empresa.

Como líderes de las organizaciones debemos de tener clara la ejecución y repercusión de cada indicador y también discernir de manera correcta cada uno de ellos para compartir con nuestros subordinados y colaboradores la información indispensable mediante la cual cada elemento o colaborador conozca, entienda y genere esfuerzo para mejorar cada indicador que le corresponda al equipo al que pertenece.

En cuanto a los factores clave de desempeño hay un inmenso número de ellos, cada empresa u organización se encarga de desarrollar sus propios indicadores en relación a sus objetivos y planes de desarrollo, sin embargo, existen tres que podemos generalizar, mismos que a continuación relaciono:

- Volumen
- Crédito o Cartera
- Clientes

Volumen:

El indicador probablemente más importante de todos los que tenemos que medir y controlar los que nos dedicamos a las ventas. Este indicador apunta directamente hacia nuestro quehacer diario y será de vital importancia mantenerlo en los niveles más altos con su correspondiente administración del resto de los indicadores.

Es sin duda el volumen la naturaleza principal de nuestra profesión ya que derivado de este se generan el resto de los indicadores, al hablar de volumen específicamente nos referimos a eso que tenemos que vender y tendrá unidades de medición diferente en cada industria, sin embargo, la naturaleza del indicador nos indica básicamente que nos referimos a la cantidad total y a el bien, producto o servicio que vendemos.

La suma del producto, bien o servicio que es colocado en el mercado mediante nuestra gestión de ventas lo denominamos volumen.

Algunas denominaciones correspondientes a este indicador son:

Si hablamos de líquidos: onzas, litros o hectolitros.

Si hablamos de sólidos: kilos, toneladas.

Si hablamos de unidades pueden ser: piezas, paquetes, cajas, etc.

De la función de administrar este indicador se derivan los demás indicadores, es decir, no podemos pensar en tener volumen si no tenemos clientes con compra; generalmente cuando tenemos clientes con compra también hay clientes sin compra por lo tanto hay ingreso financiero a la empresa u organización, pero si el volumen fue dejado a crédito se genera un indicador más que es cobranza y dentro de este indicador existen otros que veremos a continuación como saldos vencidos o por vencer.

Eso quiere decir que al tener una gestión de comercialización o ventas se genera el volumen y como consecuencia el resto de los indicadores que veremos a continuación.

Para un vendedor profesional su ocupación principal es la de generar el volumen, sin embargo, para poderse considerar profesional deberá ser capaz de mantener en control todos los indicadores que se le asignen con la responsabilidad que de cada uno de ellos emana.

Ya que no podemos considerar ser un vendedor profesional generando un alto volumen sin la responsabilidad de ejecutar la cobranza correspondiente o colocar una gran cantidad de nuestros productos en el mercado sin la debida atención a todos los clientes. Así como dejar en segundo término la debida prospección y generación de clientes nuevos.

Por lo tanto, un vendedor profesional es aquel que mantiene en control no sólo el volumen, si no, todos los indicadores que la venta genera; de esta forma provocar que la compañía tenga número sanos y aceptables en el mercado.

Cartera o crédito

En la gestión comercial existe todo un lenguaje para referirnos a la posibilidad de generar el compromiso de compra del bien, producto o servicio que estemos vendiendo.

El más común es el de cartera, que en los conceptos de contabilidad generalmente aceptados denominamos como crédito.

A continuación, tocaremos el tema del crédito y profundizaremos un poco en el tópico con el objetivo de conocer con más detalle sus variantes y las diferentes maneras de abordarlo.

Para un vendedor profesional no debe ser novedad la utilización de esta herramienta de ventas y su correcto manejo, sin embargo, es de vital importancia que la ética este siempre en un lugar privilegiado en el diario actuar y proceder de cada representante o miembro de la organización ya que históricamente tenemos altamente estudiado que las posibilidades de fraudes en perjuicio de la empresa o compañía se derivan de una incorrecta manera de utilizar las líneas de crédito de las empresas.

Debido a esto las empresas en la actualidad generan grandes inversiones en métodos y sistemas digitales de control interno y procesos de gestión con validaciones y confirmaciones de saldos, así como cuadres financieros en tiempo real que le permitan minimizar el riesgo de desfalco o fraude por elementos desleales.

De tal manera que los procesos de cartera o crédito se vuelven cada vez más custodiados no solo de manera interna, sino que también existen compañías externas encargadas de brindar certeza a los procesos financieros de las empresas, requisito que se vuelve ineludible si las empresas en cuestión cotizan en bolsa.

Para el líder de ventas al frente de una gestión de comercialización o para cualquier elemento de la fuerza de ventas, el manejar una cartera con clientes con líneas de crédito con grandes disponibles, es una oportunidad más de demostrar la ética y el elevado profesionalismo de cada uno de los elementos del equipo comercial o fuerza de ventas a la que se pertenece, ya que si bien la cartera o línea de crédito es una muy útil herramienta de ventas, también es un capital que la empresa que nos ha dado la oportunidad de colaborar con ella pone en riesgo, y aun que hablemos de clientes estables y muy consolidados en el mercado es de suma importancia no perder de vista que siempre existe un riesgo y debemos ser muy consientes en el correcto uso de la herramienta de crédito para mantener los riesgos en rangos tolerables y de alta factibilidad de recuperación

Una fuerza de ventas con un alto compromiso en la recuperación de cartera o crédito es tan valiosa como aquella que consigue sus alcances en el indicador de volumen de ventas. La recuperación de la cartera en los plazos adecuados le permite a la organización mantenerse sana y estable dentro de la industria así como abre las posibilidades a la expansión y desarrollo de nuevos mercados lo cual se traduce a más y mejores oportunidades para cualquier colaborador de la misma, es por ello que cuando nos preocupamos por mantener sano nuestro indicador de cartera prácticamente estamos apalancado a la organización para que esta pueda continuar en un franco crecimiento lo cual sin duda en corto o mediano plazo se convierte en oportunidades para sus colaboradores, ya sea en desarrollo horizontal consiguiendo mejores cuentas de clientes o de manera vertical ascendiendo a nuevos puestos para los cuales obviamente debemos de estar preparados.

Es por ello que la cartera, acompañada con un alcance en objetivos de volumen siempre se considerará una combinación exitosa y ganadora.

Aunque como veremos a continuación existen otros indicadores clave de desempeño, los cuales son muy importantes para el crecimiento de las organizaciones en sus mercados, si existe una forma probada de generar un cambio en tu desempeño profesional individual es tomando el timón de tus ventas, hazte llegar al mejor puerto, no solo cumpliendo tus objetivos de volumen de ventas, sino, también honrando el compromiso de recuperación de cartera.

Crédito sano

En la actualidad el conservar un histórico sano de las cuentas por pagar es imprescindible, ya sea que hablemos de una persona física o una persona moral es de vital importancia mantener el prestigio y la buena reputación.

Tratándose de temas comerciales esto se potencializa ya que las empresas en la actualidad viven en su mayoría del crédito y es relevante mantener las cuentas sanas en la organización, es por ello que un crédito sano se convierte en una magnifica carta de presentación de cualquier empresa u organización.

Nosotros como vendedores profesionales debemos de mantener el enfoque de cuidar la situación de cartera de nuestros clientes siendo asesores para el correcto uso de su crédito y apoyándoles en mantener sus procesos de pagos al corriente.

Para un vendedor profesional es impensable suministrar un pedido que involucre un riesgo adicional en el tema del crédito generado por dicho pedido, es decir, el vendedor con una reputación y ética intachable apoyara a resolver a sus clientes las situación crediticia de forma que genere mayor tracción en sus ventas, utilidad a sus clientes y sobre todo se mantenga con estricto apego a las políticas y reglas de crédito de la empresa en que colabora, además, deberá ser principal promotor de el buen desempeño de la cartera de sus clientes.

Una de las actividades primaria y fundamentales del vendedor profesional será la de generar el mayor volumen de ventas posible conteniendo en este volumen el menor riesgo posible de vencimiento de cartera, consiguiendo así, un listado de clientes eficientes, productivos y con saldos por sus comprar apegados a las estrategias de crédito de la empresa.

Como líderes de una operación comercial y una fuerza de ventas debemos ser los principales impulsores del cuidado permanente y buen desempeño de las líneas de crédito de nuestros clientes vía nuestros asesores comerciales y representantes de ventas y la mejor forma de lograr el correcto desempeño de dicho indicador es vigilándolo constantemente si es posible hacer revisiones rápidas de manera diaria y que nos permita mantener y desarrollar el indicador de forma correcta.

No esta demás que mencione que el desempeño de la cartera o crédito que nos corresponde administrar es una gran responsabilidad ya que se trata de recurso financiero de la empresa y cuando se habla de dinero siempre es delicado el tema. Es por ello que cada resultado de este indicador, sobre todo, no debe ser una sorpresa para el líder del equipo comercial ya que debe tener completamente claro el tipo de gestión que cada uno de sus elementos ejecuta en el mercado, debido a esto, aunque la autoridad se delega a cada gerente, jefe, supervisor y representante la responsabilidad se comparte, así que cada resultado de un miembro del equipo se vuelve nuestro propio resultado.

Indiscutiblemente el resultado sano en cartera al cierre del periodo de operación engrandecerá el buen desempeño que se haya tenido en volumen; Y si este no hubiera sido el caso por lo menos compensará el desempeño.

Cartera vencida

Los médicos antes de la cirugía dicen ¨sentirás dolor¨ y es porque algunas cosas tienen que cambiar.

La cartera vencida es por mucho uno de los grandes males que adolecen las empresas u organizaciones y sus recuperaciones pueden llegar a ser largas y dolorosas.

Sin duda alguna un alto índice de cartera vencida se debe a una mala administración de la cuenta del cliente, aunque existen factores externos que de alguna forma impulsan o generan el problema, en la realidad es muy probable que se hubiera podido evitar caer en los vencimientos de las líneas de crédito.

Vencimientos por condiciones del mercado

Debido al incesante movimiento en los mercados es cada vez más frecuente que existan variaciones repentinas en el desarrollo de los negocios, y que esto afecte sobre todo el circulante de las compañías.

Lo que conlleva a generar vencimientos en sus líneas de crédito.

Es muy probable que un buen estadista como líder al frente de la organización pueda ver el potencial riesgo en el desarrollo del micro mercado. Generalmente las organizaciones están sumamente preocupadas y enfocadas en encontrar a colaboradores muy especializados para evitar este tipo de contingencias. Sin embargo, son frecuentes y sucede que ante la constante variación en los mercados podemos llegar a caer en vencimientos de nuestras líneas de crédito.

Cuando éste es el caso, generalmente en las empresas se toman duras decisiones en cuanto a los ajustes necesarios para poder subsistir, sin embargo, es importante mencionar que el líder adecuado se encarga precisamente de leer las complejidades del entorno para así evitar este tipo de contingencias.

Aunque sean comunes y frecuentes estos temas, no debemos darlos por hecho y nuestro quehacer diario deberá estar enfocado en generar los volúmenes de venta necesarios y comprometidos por nosotros ante la dirección, pero también aportando la mayor retroalimentación a los líderes con el objetivo de minimizar en la mayor cantidad posible los futuros problemas de este tipo, generando así, certidumbre y confianza para con nuestros clientes y prospectos.

En cuanto hacia dentro de la organización el generar la certidumbre necesaria a los inversionistas con el objetivo de crear el entorno pertinente para motivar a incrementar sus inversiones en beneficio de la empresa y de todos los colaboradores.

Aunque los mercados sean inestables y la competencia sea aguerrida, los líderes del área comercial deberán asumir los riesgos que implican ceder líneas de crédito.

Cada línea de crédito otorgada a un cliente corresponde una posibilidad de vencimiento e incluso fraude hacia nosotros, por lo tanto, se debe mantener un cauteloso y analítico proceso para la sesión de las líneas de crédito, sin que esto afecte de manera directa a la velocidad que demanda un equipo comercial y una fuerza de ventas para el logro de los objetivos tanto de volumen como de crecimiento en participación de mercado. Evitando a toda costa caer en la parálisis por análisis, ya que no debemos de perder de vista que los tiempos de respuesta en estos temas son cruciales y prioritarios.

Vencimientos por responsabilidad del cliente

Como lo mencionamos en el capítulo anterior cada línea de crédito que se cede es una posibilidad de que el cliente genere negocio de la mano con nosotros, pero también existe en cada línea de crédito la posibilidad y el riesgo de vencimiento.

Como líderes de equipos comerciales y fuerzas de ventas es importante mantener una constante comunicación con todos y cada uno de los clientes a través de nuestros gerentes, supervisores y representantes de ventas, para evitar en la medida de lo posible que un cliente se atrase en sus pagos.

Un vendedor profesional debe tener perfectamente claro la situación económica y capacidad de pago de cada uno de sus clientes y con mayor razón si con ellos otorgan líneas de crédito.

Es por ello que como líderes de las organizaciones de ventas debemos de mantener un seguimiento en este tema vía confirmaciones de crédito.

Sucede a menudo que al generarse un vencimiento en una línea de crédito se intenta corregir mediante las gestiones de cobranza dicho atraso, sin embargo, la afectación financiera ya está hecha. Generalmente pasa porque el cliente considera tener la capacidad financiera suficiente para sacar adelante la responsabilidad del crédito, aunque esto no sea así, y básicamente esté contemplando generar dichos recursos mediante la rotación del inventario otorgado. Esto no es mala idea sin embargo la experiencia nos dicta que los planes de los clientes no siempre salen como los planea. Es ahí en donde generalmente suceden los conflictos ya sea en los cierres de las negociaciones de nuestros clientes o problemas de logística para entrega de sus pedidos o vencimiento de líneas de crédito de sus clientes, lo cual se convierte en una cadena que arrastra los vencimientos de las líneas de crédito hasta nosotros provocando el problema financiero.

Como vendedores profesionales debemos de tener la plena conciencia de la capacidad del cliente al gestionar una línea de crédito para él.

Además, será de vital importancia que estas gestiones se hagan con la seriedad y el profesionalismo que nos debe de caracterizar con el objetivo de ser lo más certero posible en cuanto al monto en relación a las capacidades del cliente.

Es común que suceda en el calor de la negociación de los pedidos, nosotros los vendedores sintamos la necesidad de presionar al cliente para generar un mayor número de venta, sin embargo, en nosotros debe caber la cordura y aterrizarnos en las capacidades reales del cliente para no caer en vencimiento de carteras lo cual nos perjudica en nuestra reputación como vendedores profesionales y en la gran mayoría de las empresas en la retribución variable o pago de comisiones y compensaciones, ya que generalmente son parte del esquema variable de compensación de la fuerza de ventas.

También sucede con frecuencia que en las negociaciones de pedidos que, aunque tengamos clara la capacidad de rotación de un cliente este pida más con toda la premeditación de dejar caer su línea de crédito en vencimiento y así capitalizarse para inversión, por lo que, debemos de manejar siempre limites superiores en los créditos, de esta manera lograremos mantenernos en la zona de riesgo controlada.

Vencimientos por responsabilidad del representante

El hecho de que un cliente haya caído en saldos vencidos en su línea de crédito es un tema delicado y más aún cuando este vencimiento es generado con el consentimiento del representante de ventas o asesor comercial que lo atiende.

Es por todos los que nos dedicamos a las ventas bien sabido que en algunas ocasiones este vencimiento en las líneas de crédito es con consentimiento de los líderes de la gestión comercial cuando éste sea el caso, el representante de ventas queda prácticamente absuelto de la responsabilidad que el vencimiento implica, sin embargo, también denota cierta pobreza en su habilidad para conseguir el volumen indispensable que haya faltado y esto genere el vencimiento.

En otras circunstancias con clientes ya sean estables o nuevos también sucede que se generan atrasos en los pagos para amortizar sus líneas de crédito con consentimiento únicamente del asesor comercial o representante de ventas solo con el objetivo de beneficiar al cliente con un mayor plazo de pago lo que genera una afectación financiera a la empresa u organización ya que impacta en el flujo de efectivo de la compañía, mermando de esta manera las capacidades financieras de la compañía.

Vencimientos por responsabilidad de la gerencia

Tal y como lo mencionamos en las líneas anteriores, existe en las empresas y organizaciones comerciales siempre la posibilidad de autorización por parte de la gerencia o dirección comercial de permitir que las líneas de crédito se venzan o excedan los tiempos pactados para que los clientes cubran dichas facturas, este proceder, aunque no es normal, funciona como una estrategia comercial con el objetivo de poder cubrir otros indicadores.

Básicamente la responsabilidad de gerencia al dirigir una operación comercial reside precisamente en este tipo de toma de decisión, generalmente cabildeadas con los altos mandos y directivos de las empresas ya que son decisiones delicadas que impactan en más de un indicador financiero de la compañía y deberán de tomarse en consideración todos estos factores para que así en conjunto se determine la mejor decisión para la organización.

Como líderes de una organización de ventas debemos de entender que estas situaciones son excepciones y como tales se debe de manejar, es impensable pretender que esto se vuelva una práctica cotidiana en la empresa u organización ya que como lo hemos mencionado este proceder conlleva afectaciones financieras más allá de sólo el indicador de cartera vencida en la línea de crédito, por lo tanto, un vendedor profesional deberá tener claro siempre que son excepciones y que están en completo desapego al debido proceso y la normal ejecución de las funciones. Estas concesiones por parte de la directiva deberán estar acompañadas de un autoanálisis y autocrítica para todos los miembros de la organización ya que debido a algunas omisiones o errores en la ejecución como empresa se tuvo la necesidad de incurrir en vencimientos.

Revisemos que se puede hacer mejor para que no tengamos la necesidad de volver a hacer este tipo de solicitudes que denotan y exhiben una desviación en el proceso.

Límite de crédito

Tal y como ya lo sabemos y he mencionado, la cartera o las líneas de crédito son herramientas de ventas, es una manera de facilitar a nuestros clientes el acceso a nuestros bienes, productos o servicios ofertados en el mercado y es una forma actual y cotidiana de la comercialización.

La característica de las líneas de crédito son que existe una organización que oferta, otra que demanda. Una estructura de comercialización o fuerza de ventas en medio y esta es normalmente la que en base a las políticas de la compañía y su experiencia en el mercado asignan las líneas de crédito.

Cada línea de crédito tiene una estructura en la cual la más importante es el límite. En este punto nos referimos precisamente al límite de crédito.

Es normalmente el monto que la organización a través de su equipo de comercialización está dispuesta a otorgar a un cliente, esta línea de crédito normalmente está pactada en un monto y lleva otro indicador amarrado que es el tiempo por lo tanto el límite de crédito es la cantidad en producto, bien o servicio que se le puede otorgar a un cliente en un tiempo determinado y llegado a ese momento, o si es posible antes, el cliente se obliga a cubrir dicho monto por los bienes, productos o servicios recibidos.

Para un vendedor profesional la correcta asignación de límite de crédito implica un momento más en el cual puede demostrar su ética y compromiso con la organización en la cual está incorporado.

Ya que este punto al ser un tema netamente comercial es generalmente el equipo de ventas quien inicia el proceso de gestión de asignación del límite de crédito a los clientes. Teniendo normalmente la fuerza de ventas el poder de generar un aparente beneficio adicional al cliente.

Cuando esto sucede, en realidad, no se está dando un beneficio adicional, más bien, se está siendo cómplice de un futuro problema comercial del cliente, es por ello, que reitero que la ética y el buen proceder en la asignación de límites de crédito de nuestros clientes debe ser intachable, precisa y con la plena conciencia de la responsabilidad que compartimos.

Gestión de cobranza

Administración de la cobranza es un tema muy amplio, aunque se trata de un indicador crítico de éxito en las organizaciones, el lograr una cobranza eficiente es cada vez más complicado ya que entran al juego mayores factores que tornan complicado el escenario.

En el proceso de cobranza es todo un método que coadyuva a lograr una gestión efectiva de créditos y cobranzas. No es sencillo dominar las técnicas adecuadas para conseguir una cobranza eficiente, pero recuerda cuando dominas algo y consigues la maestría en ello, que antes de llegar a este punto te era muy difícil.

En el argot de ventas decimos que la venta no está concluida hasta que el pedido levantado esta entregado y cobrado, por lo tanto, la venta deberá de sumar como tal una vez que ya esta cobrada y es aquí donde entra el rol fundamental de la cobranza.

Básicamente para conseguir una cobranza efectiva requerimos estar muy comprometidos con el proceso y ser muy estrictos en el apego a los procedimientos de cobranza.

En la gestión de cobranza los tiempos son los que nos van dando la pauta del deber ser y será la clave para la correcta ejecución de la cobranza de los créditos apegarse a los tiempos pactados para el pago de los compromisos adquiridos.

El método tradicional de cobranza dicta que el mismo equipo comercial dentro de sus funciones adicionales a las de vender esta también la gestión de la cobranza resultante de la gestión comercial y generalmente se convierte en un indicador más de seguimiento en su agenda diaria. Usualmente está la cobranza vinculada en los factores claves de rendimiento de la empresa y generan un porcentaje en el alcance de las comisiones ganadas por la fuerza de ventas.

En otros esquemas y formas de organizarse las empresas tienen una clara división y separación entre el equipo comercial y gestor de la venta y el personal encargado del crédito y la cobranza y son medidos de manera individual.

Este esquema aporta una mayor posibilidad de especialización en los campos, ya que, cada área se especializa en su correspondiente gestión y llegan a dominar de manera magistral sus funciones, aunque ambas áreas funcionales de la empresa traten con el mismo cliente, las gestiones son completamente diferentes al grado de que en ocasiones tiende a darse algunos antagonismos que deberán ser resueltos de inmediato por los líderes, ya que estas situaciones no benefician en absoluto a ninguna de las partes.

Otras de las opciones que comúnmente son utilizadas en la actualidad son las de recurrir a las agencias de cobranza especializada o a empresas de factoraje.

Como líderes de una organización comercial y una fuerza de ventas puede llegar a existir la posibilidad de que propongamos a la dirección el recurrir a estos métodos. Ya que nos brindan la posibilidad de inyectar a nuestro flujo de caja recursos de manera rápida sin tener que esperar los tiempos pactados con los clientes para hacer efectiva la cobranza claro está que para detonar estas alternativas se requiere que el departamento financiero haga los cálculos necesarios para determinar si es alguna de estas dos opciones pertinente para nuestra organización.

Si el mundo de ventas en el que te mueves es algo más tradicional en realidad la clave para lograr la cobranza efectiva es ser muy disciplinado en nuestra gestión tanto de cobranza pero también en la de ventas, no saturando con sobre inventarios al cliente tema que en futuro próximo tiende a volverse cartera vencida, de igual manera el moverse hábilmente en el mercado para conseguir siempre a los mejores clientes y tenerlos bien atendidos nos va a ayudar a mantener un sano volumen de ventas el cual nos dará la tranquilidad de saber que nuestras metas u objetivos son alcanzables y no habrá necesidad de forzar ventas con los clientes que lo permitan.

Tipos de clientes

En el seguimiento diario de los factores críticos de éxito se encuentra el apartado de clientes y la subdivisión correspondiente de las mezclas entre cada factor es decir la división básica está conformada por los siguientes elementos:

- Clientes estables
- Clientes nuevos
- Clientes de conquista
- Clientes con compra
- Clientes sin compra

Las mezclas entre estos indicadores podrían ser como los siguientes:

- Clientes estables con compra
- Clientes estables sin compra
- Clientes nuevos con compra
- Clientes nuevos sin compra
- Clientes de conquista con compra
- Clientes de conquista sin compra

Con el objetivo de clarificar dichos conceptos revisaremos la división básica de los factores y en base a estos conceptos se comprenderán las mezclas entre ellos.

Cliente estable

Como ya lo habíamos mencionado los clientes estables tendrán esta categoría los que tengan un histórico de ventas del mismo mes del año pasado, y sobre todo mes completo, esto siempre con el objetivo de tener una base en la cual medir las mismas condiciones, es decir; medir mismo cliente mismo ubicación y mismo desempeño.

Recordemos que los clientes estables son todos aquellos que cotidianamente tienen disponibilidad de nuestros productos, bienes o servicios y generan un margen de utilidad por su comercialización.

Cliente nuevo

La captura de clientes nuevos es sin duda una de las actividades principales de cualquier profesional en ejercicio de las ventas.

Es de vital importancia mantener una estrategia cotidiana de captación de clientes nuevos, lo cual nos va permitir incrementar nuestra base de posibles usuarios de los bienes, productos o servicios que ofrecemos al mercado.

Un vendedor profesional debe tener la claridad del perfil que debe contar el futuro cliente antes de incorporarlo al maestro de clientes como nuevo en la empresa.

Este nuevo cliente debe agregar rentabilidad y mostrar compromiso con las metas y objetivos que la organización tenga a bien asumidas como retos estratégicos.

Dentro de la empresa u organización consideraremos como cliente nuevo a cualquiera que esté siendo dado de alta en nuestro catálogo de clientes y que no tenga un histórico de ventas por lo menos en el mismo mes del año pasado, ya que, de esta manera, podremos garantizar que estamos cazando un volumen de venta totalmente incremental.

Es importante tener una estrategia concreta para fidelizar los clientes, ya que de esta manera podremos hacer crecer nuestra empresa con un crecimiento real y sostenido que permita el desarrollo de la organización.

Los puntos mínimos indispensables que debemos de tener claros a la hora de tener un cliente nuevo son los que se representan en un breve proceso de incorporación a la compañía como clientes, los cuales son:

- Captación
- Retención
- Crecimiento

No olvidar que un cliente nuevo generalmente llega con altas expectativas del servicio, obviamente condicionadas por los mensajes y promesas realizadas durante el proceso de captación, por lo tanto, no podemos tener la certeza de que todos los clientes que ingresen a la plataforma estarán el próximo año, con esto no pretendo insinuar que ofrecemos un mal servicio, o algo parecido, es simplemente, que tiende a suceder que los clientes se hacen una idea distinta a la realidad, y es hasta cierto punto, normal que exista una rotación de clientes.

Una vez concluida la etapa de rotación que generalmente es en el primer semestre comenzaremos a ver una base de clientes fieles y con ellos es con los que podremos generar estrategias a mediano y largo plazo. Aunque la rotación de clientes no termina ahí, de hecho, es una constante con la que tenemos que luchar en el día a día mediante el servicio esmerado y con productos de calidad apegados a los que se menciona en nuestra oferta de valor, procurando siempre exceder las expectativas del cliente.

Un dato relevante hablando de clientes nuevos son su alto costo, como lo hemos mencionado anteriormente, el costo de un cliente nuevo es alto y se debe principalmente a que un cliente nuevo representa ya a la empresa como un embajador de nuestra marca, y como tal debemos de manejarlo.

Esto involucra todos los aspectos de su representación, desde la fachada de su negocio, hasta las inversiones en mercadotecnia que haya que hacer enfocadas en desarrollar su volumen de ventas, sin embargo, dentro del proceso de hacer crecer el número de clientes de la compañía no necesariamente son los clientes de mayor costo, ya que existe una categoría de cliente que históricamente hablando son los más costosos para las empresas y me refiero a los clientes de conquista.

Cliente de conquista

La tercera clasificación dentro de los factores críticos de éxito, clientes, tenemos los denominados clientes de conquista.

En ellos la característica principal es que son clientes que antes de sumarse a nuestra plataforma de negocio estaban ya en la industria, pero generando volumen a nuestra competencia, es decir, estos clientes son distribuidores estables para nuestros competidores que después de alguna negociación especial con nosotros deciden cerrar la operación con la competencia y migrar a vender nuestros productos, bienes o servicios.

Como lo mencionamos anteriormente, estos clientes conquistados a nuestra competencia tienden a ser los más caros que podemos tener en nuestra base de clientes y/o distribuidores y esto es debido a la negociación que generalmente se tiene que hacer con el objetivo de atraerlos hacia nuestra empresa.

Generalmente a estos clientes los vamos a denominar como conquista porque son prácticamente eso, una conquista de un cliente de nuestro competidor hacia nosotros y el principal atractivo para poder invertir comercialmente hablando en este tipo de clientes es que normalmente tienen un volumen de venta estable de productos, bienes o servicios similares a los nuestros. por lo tanto, la curva de aprendizaje con estos clientes va hacer mucho más corta, lo que nos va a permitir desarrollar el negocio de manera rápida y contundente. Claro está que para traernos ese volumen hacia nuestros productos es necesario invertir. Estas inversiones generalmente las traducimos como descuentos adicionales u otros beneficios que se generan a favor del cliente.

Es de considerar que, aunque en estos clientes se invierte una mayor cantidad de recursos financieros, técnicos y mercadológicos e incluso hasta modifiquen nuestra logística, también el retorno de la inversión puede ser de manera más expedita y que permita, aunque sea un cliente caro generar muy buenos rendimientos, de tal manera que al final del día sea un muy buen negocio.

Otro de los aspectos que incrementan el costo de generar clientes de conquista es que usualmente se ocupan equipos comerciales especiales para lograr detonar estas negociaciones, ya que es necesario invertir una importante cantidad de tiempo en el seguimiento a esos clientes y generalmente nuestras fuerzas de ventas equipos comerciales están enfocadas en la venta.

Es por ello que en la gran mayoría de las organizaciones se decide por generar inversiones en equipos comerciales especializados en conquista de mercados, claro está con el costo periférico que esto requiere, unidades, combustible, comunicaciones, cómputo y sistemas, y personal que supervise y de seguimiento a los equipos de conquista.

Clientes con compra y sin compra

En el análisis y seguimiento de los clientes, existen las dos variantes dentro del catálogo de distribuidores los cuales ya mencionamos que son estables, nuevos y de conquista.

Estos a su vez debemos de hacer la subdivisión con compra o sin compra.

Este seguimiento como líderes de una organización comercial y una fuerza de ventas debemos ejecutarlo de manera diaria para poder tener una lectura real del desempeño de nuestros clientes en el mercado y así gestionar de manera pronta lo indispensable para hacer que estos clientes detonen sus compras e incluso a través del seguimiento lograr que sus compras sean cada vez mayores.

Es importante este seguimiento ya que nos ayuda a detectar si hay necesidades de mercadotecnia y estrategias comerciales tropicalizados, por segmentos o zonas geográficas que nos permitan desarrollar el volumen de venta necesario en estos clientes.

Generalmente las organizaciones se miden de manera mensual y es de vital importancia que todos y cada uno de sus clientes por lo menos una vez al mes reporten movimiento en sus inventarios y compras hacia nosotros.

Un líder comercial deberá estar informado de cualquier movimiento de clientes que no esté reportando sus ventas de manera cotidiana será suficiente para prender las alarmas y supervisarlo directamente en el campo o confirmación telefónica.

Prospección

La prospección es una de las actividades naturales de cualquier fuerza de ventas y equipo comercial.

En la prospección es donde se finca la gran mayoría del interés hacia el crecimiento de la cantidad y calidad de clientes. Existen varios métodos que intentan estandarizar la prospección, sin embargo, la prospección es más de acción que cualquier otra cosa.

Para lograr una prospección positiva, funcional y rentable necesitamos de primera instancia conocer perfectamente todas y cada una de las características del producto, bien o servicio que vendemos.

Posterior a ello sin duda necesitamos que el equipo de prospección tenga la completa claridad de las prácticas comerciales, ventajas competitivas y demás recursos que la compañía ponga a disposición del mercado.

El objetivo es salir a buscar clientes perfectamente bien entrenados. Sin estos dos pasos previos, difícilmente podremos lograr una prospección positiva y que arroje resultados de crecimiento en número y calidad de clientes.

Antes de tomar la iniciativa de salir a la calle a buscar o prospectar clientes es de vital importancia que se haga un trabajo de escritorio en el cual apoyados de herramientas digitales hagamos una búsqueda y de esta manera identificar a los clientes que más nos convienen. Para prospectar y cubrir esta etapa Yo recomiendo que busquemos la respuesta a la siguiente pregunta:

¿Quiénes deben ser nuestros futuros clientes?

Poniendo esta pregunta sobre la mesa, lo que nos queda es encontrar las respuestas en las listas que arrojen los medios digitales de la industria en la que nos movemos.

Una vez que tengamos definida la lista completa por zonas geográficas o sectores, la siguiente recomendación es clasificar a los posibles clientes a prospectar en relación a su potencial de compra, es posible para esta clasificación asignarles un valor sugiero del uno al 1 al 10, en la cual los mejor calificados tendrán mejor posición en la tabla y de esta manera nosotros poder priorizar y organizar las visitas de prospección de mayor importancia a menor importancia.

El objetivo es atacar el mercado primeramente con los prospectos que pudieran ser más rentables y atractivos por volumen, ubicación y cualquier otro significado que pudieran tener en el mercado.

Una vez terminada esta labor administrativa, lo siguiente es prepararse para salir, no sin antes una vez teniendo la clasificación organizada hacer una breve investigación de cada uno de los clientes que nos permita llevar información adicional a las entrevistas, de esta manera, poder generar un rapport (romper el hielo), y así, no tener la necesidad de llegar al punto de la venta desde el principio. Generar un rapport es importante porque permite comenzar a construir relaciones de confianza que nos ayudarán de manera positiva a meternos al mercado vía estos clientes. Teniendo la información necesaria de cada uno de los clientes no queda no más que salir a buscarlos, indispensable llevar todas las herramientas necesarias para la entrevista, así como ensayar las entrevistas con el objetivo de tener los argumentos a la mano en la mente ya que, si existe la posibilidad desde la primera visita comenzar a cerrar las ventas con el cliente, comencemos a capitalizar la labor de prospección.

Difícilmente encontraremos una empresa que no esté preocupada por la prospección, y esta actividad es una de las principales que debemos dominar cualquier vendedor profesional ya que muy seguramente tendrá un impacto positivo en la retribución variable, no necesariamente como un indicador crítico de éxito, sino que, el hecho de que se consiguen nuevos y mejores clientes nos permite incrementar nuestro volumen de venta, mejorar nuestra gestión de cobranza y mantener dichos clientes activos con compra, lo cual nos posiciona en un mejor lugar en la tabla como vendedores profesionales.

Cuando me preguntan ¿Cuál es el mejor de los métodos para prospectar? Mi respuesta siempre es la misma. Simplemente; Ve e inténtalo.

CRM

En la actualidad es muy común en los equipos comerciales y fuerzas de ventas gestionar mediante un CRM, lo que es la abreviatura en inglés de Customer Relationship Management. La traducción al castellano es gestión de relaciones con clientes, sin embargo, esta traducción literal no nos aclara mucho de los que se trata, por lo que a continuación platicare lo relacionado al tema.

CRM es una herramienta para gestionar nuestra fuerza de ventas que puede ser un software, programa o aplicación en el que cualquier contacto que un colaborador de la empresa u organización tenga con un cliente o prospecto es almacenado en una zona común y de fácil acceso para todo elemento del equipo comercial, fuerza de ventas o cualquier colaborador que sea necesario que este enterado del avance en negociaciones, pedidos y cualquier otro tema relacionado con el desarrollo y gestión de ventas.

Estas interacciones son los correos electrónicos, llamadas de seguimiento, juntas y reuniones, y cualquier información que tenga relación con los clientes. De esta manera podemos decir que el CRM es básicamente el método con el cual organizamos nuestro diario proceder y gestión del día a día.

Dependiendo de la empresa u organización, los bienes, productos o servicios que se comercialicen variarán las funciones del CRM.

Claro está la utilidad de la aplicación, software o método que se ocupe para la gestión comercial dependerán en gran medida de del diseño del CRM, que este sea con el mayor apego a los requerimientos de la empresa y su expectativa en el mercado.

Existen todo tipo de formatos y diseños de CRM, desde los realizados por el dueño de un micro negocio en una hoja de cálculo, pasando por los hechos para pymes y pequeñas empresas, como los gigantes para las multinacionales y se caracterizan todos por ser muy fácil de utilizar y gestionar a los clientes.

Es un método de gran utilidad que, al tener toda la información de los clientes en un mismo sistema organizado nos genera una cantidad importante de beneficios:

- La fuerza de ventas es más productiva, porque pueden llevar el seguimiento de todas y cada una de sus ventas con clientes y avance con prospectos.

- La gestión comercial es más productiva, gracias a no perder tiempo para tener que juntar información de cada una de las interacciones con los clientes de cada departamento de la empresa u organización.

- Mejora la comunicación tanto interna como externa, debido a que todos pueden saber el estatus de un cliente y si tiene algún pendiente. Así pues, difícilmente se queda algo sin ejecutarse.

Un CRM debe de ser fácil de personalizar y que se adecue a lo que requerimos en la empresa u organización, jamás debe ser al revés.

De igual manera será de vital importancia que sea accesible online, para que podamos tener acceso a nuestra información de manera rápida y en cualquier lugar. Con las nuevas tecnologías hemos demostrado que los softwares intuitivos nos ahorran tiempo por lo que si cuenta nuestro CRM con esta característica nos ayuda a ser más productivos, por supuesto que sea sencillo para cualquier usuario, ya que las etapas de capacitación y curvas de aprendizaje son costosas para las organizaciones.

La naturaleza de nuestro libro es principalmente la gestión comercial y el enfoque es a nuestra fuerza de ventas, sin embargo, en este tema mencionaré que existen **CRM** para otras áreas de la empresa u organización como los diseñados para:

- Finanzas
- Almacenes
- Logística

La más grande ventaja de contar con un **CRM** adecuado es que nos permitirá atender rápida y eficientemente a cualquier cliente o prospecto ayudándonos a cautivarlos y ofrecer un excelente servicio incluso superando las expectativas de servicio y generando un alto grado de satisfacción en ellos usuarios y receptores de servicio.

Por supuesto al interior de la compañía los beneficios en la capacidad de análisis se traducen en mejores practicas en nuestra gestión comercial ya que podemos segmentar clientes, cartera y de esta manera planificar mejor las estrategias comerciales y de mercadotecnia haciendo eficientes las ventas y un considerable incremento en el ingreso.

Método TUH

Una vez que tenemos habilitado un CRM en la empresa u organización podemos constatar la facilidad y la agilidad para la toma de decisiones en base a toda la información generada y contenida en el sistema.

Es entonces de vital importancia que, como líderes de ventas, en nuestra gestión, tengamos la capacidad de digerir y transmitir de manera correcta y eficiente la información a todos nuestros colaboradores y subordinados.

Como líderes de un equipo comercial si hay algo que debemos de tener claro es que el ejecutivo de ventas o representante comercial debe salir a la batalla al mercado lo mejor armado posible, esto es con información que le permita posicionarnos en una manera ventajosa frente a la competencia y de esa manera ser más certeros en el momento de estar con el cliente en negociaciones de pedidos o siembre de alguna marca o SKU nuevo.

Así pues, será una de nuestras funciones el gerenciar y administrar toda la información posible hacia nuestro equipo comercial y conseguir que esta manera la forma más ordenada, completa y actualizada posible.

Existen CRMs que nos permiten generar información digital o impresa en la cual podemos concentrar cualquier dato necesario e indispensable al momento de la negociación con el prospecto o cliente.

Es de esta información indispensable para la fuerza de ventas de la que nos debemos encargar y existe un método denominado TUH (Todo en una hoja) para conseguirlo de manera efectiva para el colaborador.

Esta técnica nos sirve para generar un entregable a nuestra fuerza de ventas y el hecho de que este inteligentemente ordenada en una sola hoja nos ayuda a agilizar la comprensión del cúmulo de información que la fuerza de ventas debe manejar en el mercado. El objetivo como líderes de una gestión comercial y una fuerza de ventas, es tener la capacidad de poder plasmar en una sola hoja, (sólo en un frente) todos y cada uno de los indicadores que nuestra fuerza de ventas necesita de cada cliente si es posible.

Gracias a los **CRM** al generar dicha información de manera compacta, de toda una ruta de ventas ya sea del día o puede ser de la semana.

Una vez generada y procesada la información a nivel cliente, plasmando todos los indicadores indispensables a cubrir cliente por cliente tendremos un método que sirva como direccionamiento para lograr objetivos de la empresa u organización cliente por cliente, día por día, mes con mes.

Estos métodos de seguimiento son sumamente efectivos, claro está, la constancia juega un papel muy importante en los resultados que se pueden obtener a través de gestionar nuestro equipo comercial de esta manera.

El seguimiento es entonces preponderante ya que es la segunda etapa del método.

Básicamente esta propuesta nos indica que en un solo frente de una hoja o en una sola pantalla, la fuerza de ventas sea capaz de tener todos los indicadores a cubrir por cada cliente a manera de check list, y que esto haga la función de recordatorio de lo que tiene que hacer y los objetivos a alcanzar con el cliente.

Es indispensable que al gerenciar un equipo de ventas las revisiones se hagan lo más detallado posible y con la mayor frecuencia que este al alcance de los líderes de la gestión comercial.

Será muy productivo invertir el tiempo que sea necesario en la capacitación del equipo comercial para lograr la total comprensión del método, ya que de esto depende la efectividad del mismo.

Como líderes de una gestión comercial o fuerza de ventas no debemos perder de vista que tus ventas no cambiaran hasta que tomes la responsabilidad y el pleno deseo de ser mejor y superarte a ti mismo.

Foto de éxito vs película de éxito.

Los departamentos comerciales y fuerzas de ventas de las empresas u organizaciones siempre cuentan con iniciativas y estrategias desarrolladas por los departamentos de mercadotecnia, con apoyo de producción, logística, finanzas, siempre orientadas a incrementar los niveles de ventas.

Algunas de estas iniciativas que considero muy exitosas y que vale la pena implementar son las de fotografía de éxito y película de éxito.

Cuando hablamos de fotografía de éxito, es algo que se podría decir, literal, ya que el objetivo de esta iniciativa comercial es hacer un análisis completo del punto de venta desde el exterior hasta el interior e imaginarnos obtener tres fotografías del punto de venta.

La primera, de la fachada, la segunda, una vez haber dado el primer paso dentro del punto de venta, totalmente de frente, imaginarte hacer una fotografía parado en ese lugar. La tercera imagen a conseguir es imaginándote parado en el área de cobro, en la línea de cajas, del punto de venta.

Una vez teniendo esas tres imágenes, lo que necesitamos es encontrar la ubicación adecuada para la implementación de nuestra comunicación de mercadotecnia de nuestro bien producto o servicio; es decir, imagen número uno, la fachada, viendo completa la fachada debemos identificar el o los puntos en los cuales podemos trabajar en algún elemento de recordación de nuestra marca, o alguna imagen de nuestro producto, también puede ser algún otro elemento que nos ayude a vender nuestro bien, producto o servicio desde fuera. Es decir, adueñarnos de por lo menos un pequeño espacio de la fachada de nuestro distribuidor, lo cual nos permitirá comunicarles a nuestros clientes que justo ahí existe la posibilidad de que puedan adquirir nuestro bien, producto o servicio. Esta sería la primera fotografía de éxito. La segunda fotografía de éxito que debemos de buscar es una vez habiendo dado el primer paso dentro del punto de venta, imaginar esta segunda fotografía.

De igual manera ubicar elementos de comunicación preciadores, eslogan, o imágenes asociadas a nuestro bien, producto o servicio, etcétera, en los puntos atractivamente visibles, es esta imagen, es esta fotografía, la segunda recordación de marca de nuestro bien, producto o servicio a comercializar en el punto de venta.

Este segundo plano trabajado con comunicación nuestra, deberá tener el efecto de impulsar la venta y generar la necesidad de adquirir nuestro bien, producto o servicio.

La tercera fotografía, es la que se refiere a el área de cajas, donde se hace la transacción de compraventa, en este punto, debemos de tener también elementos que nos permitan volver a recordar al cliente consumidor la posibilidad de adquirir nuestro bien, producto o servicio en este punto de venta. De esta manera, independientemente de la labor de venta que haga el personal del distribuidor o minorista podremos generar un impulso de venta que nos permita desarrollar el volumen de comercialización de nuestro bien, producto o servicio en la sucursal de nuestro distribuidor y/o socio comercial.

Película de Éxito

Cuando hablamos de película de éxito nos referimos a un concepto similar al de fotografía de éxito, pero haciendo alusión a cómo se imaginaban la gente lo que era una película en los inicios de la filmografía mundial.

Las personas que en aquellas épocas cuando veían por primera vez una película se lo imaginaban como una fotografía con movimiento.

Para nuestro tema, retomamos esa idea y expongo que la película de éxito es una fotografía de éxito pero con movimiento , lo que quiero decir, es que los elementos de comunicación, así como las ubicaciones de estos elementos, deberán tener movimiento en cada ciclo, es decir, hay empresas u organizaciones que sus estrategias de mercadotecnia van de la mano con los cierres mensuales de ventas del departamento comercial y mes con mes, se van generando elementos de comunicación nuevos de acuerdo a las estrategias comerciales aprobadas, por lo tanto, estos elementos deberán ser cambiados en cada ciclo.

Es ahí donde se genera el movimiento de la fotografía de éxito, para convertirse en una película de éxito.

Esto también nos permite combatir la ceguera de taller de nuestros clientes y consumidores, a la hora de ingresar al punto de venta, ya que constantemente estarán siendo bombardeados con comunicación diferente, que les atraiga la mirada y les genere el impulso de compra de nuestro bien, producto o servicio.

Tanto la fotografía, como la película de éxito, dependerán de todos y cada uno de los elementos de comunicación indispensables para generar el impacto y la necesidad de compra de nuestros clientes y consumidores.

Es por ello que se deberá de trabajar en estrecha comunicación entre el área comercial y el departamento de mercadotecnia para poder generar elementos con el impacto suficiente, que sean capaces de traducirse en incremento de ventas de manera constante y sostenida.

Estas estrategias demandan principalmente dos cosas:

La primera es una amplia paleta de elementos de comunicación que a continuación desglosaré con el objetivo de que sean implementados en el punto de venta de manera eficiente y con el único objetivo de generar más venta.

El segundo elemento indispensable dentro de la película de éxito es la disciplina operativa comercial que debe mostrar la fuerza de ventas para la implementación de dicha película de éxito.

Ya que no es un trabajo menor. Como líderes de una gestión comercial y una fuerza de ventas debemos de tener claro la capacidad de nuestro equipo, no porque nuestros colaboradores no sean las personas adecuadas para acatar las instrucciones de implementación, sino, por el tiempo que demanda dicha implementación.

Por lo tanto, es recomendable en algunas ocasiones tener colaboradores adicionales, dedicados a la implementación de dicha película de éxito, generando esto un costo adicional operativo que se debe contemplar y compensar con el incremento de ventas, por lo tanto, será nuestra responsabilidad el desarrollo, implementación correcta adecuada y rentable de dicha estrategia.

No está demás que mencione que la implementación de esta estrategia comercial es un proyecto de gran envergadura, por lo que será indispensable, tener la certeza a nivel compañía que tendremos la capacidad operativa para poder ejecutarla correctamente.

Recordemos que como líderes de una gestión comercial y una fuerza de ventas nuestro principal objetivo será resolver los problemas de volumen de ventas, no crear un problema financiero.

Lo cual, puede llegar a suceder si no tomamos en cuenta todos los factores que se pueden presentar al implementar una estrategia de ese tamaño.

No es la intención de este punto menospreciar la capacidad de implementación de una microempresa o pequeña empresa.

Este tipo de estrategias se pueden llevar a cabo en cualquier gestión comercial de cualquier tamaño, es simplemente poner mucha atención en la inversión que se deberá hacer en los elementos de comunicación y en su correcta ejecución para que éstos se traduzcan en incremento de ventas y de esta manera el costo-beneficio salga a nuestro favor.

A continuación, detallo algunos de los elementos necesarios e indispensables para una correcta ejecución de una película de éxito.

Fachada:

- Fachada completa
- Poster
- Preciador
- Banner
- Copete
- Anuncio luminoso o no de bandera
- Anuncio luminoso o no de paleta
- Sky dancer
- Botarga
- Tótem

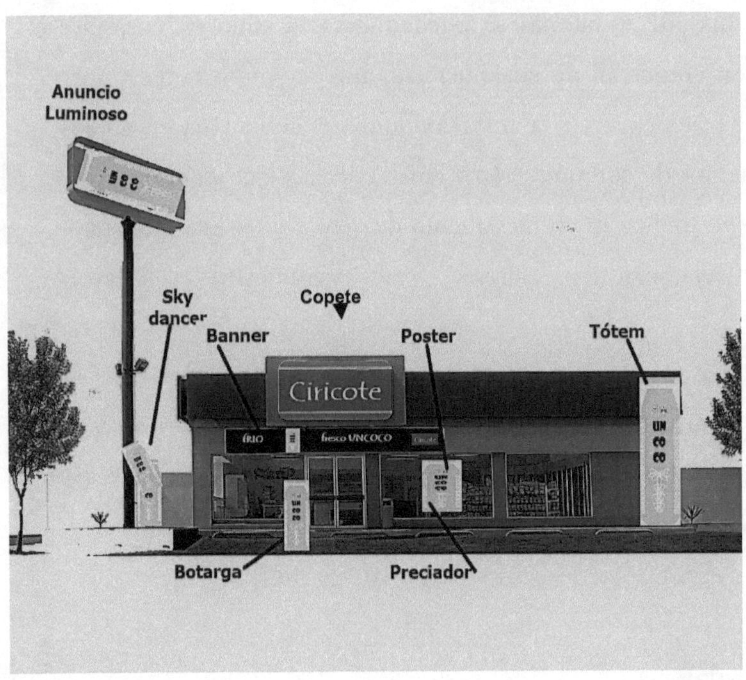

Fachada completa

El primer impacto que podemos generar a nuestros clientes consumidores es el de la fachada. Y existen algunas oportunidades de crear a nuestros distribuidores o minoristas una fachada completa de nuestra marca lo cual representa una enorme ventaja ya que nos permite comunicar a todo lo largo y ancho de la fachada lo que necesitemos para generar mayor venta.

Esto es una práctica común cuando se trata de productos de consumo masivo, como refresqueras, cerveceras, etc.

Como vendedores profesionales debemos de tener claro que para un minorista o distribuidor el hecho de que nuestra empresa u organización invierta en una fachada es un gran beneficio, mismo que podemos capitalizar a nuestro favor blindando el mercado de esta manera mediante un acuerdo de palabra a comercializar sólo nuestras marcas, más que por cualquier otra cosa por un tema de lealtad ya que cualquier otra forma de intentar formalizar una exclusividad podríamos incurrir en alguna infracción a la ley de competencias.

Cuando tenemos la posibilidad de tener la fachada completa técnicamente podemos instalar todos nuestros elementos englobados en la película de éxito. Por lo que hay que tener cuidado de colocarlos de manera estratégica, cuidando de no saturar demasiado la fachada.

Póster

El póster es el elemento de comunicación más tradicional de listado, es sin duda el pionero de ellos y existen muchas posibilidades para poder generar un póster exitoso.

Se deberán tomar en cuenta algunas consideraciones que le permitan a este elemento cumplir su función de manera positiva y eficiente, el primero de ellos es las dimensiones.

El tamaño del póster puede variar de acuerdo a nuestras necesidades sin embargo para que cumpla con la expectativa de poder ser legible en la distancia el tamaño adecuado es de 60 cm de base por 90 cm de alto. Este tamaño también nos permite poder comunicar de manera eficiente la información deseada y sobre todo en la gran mayoría de los casos se adecúa a los espacios disponibles en fachadas para comunicación.

Otro factor que debemos de tomar en cuenta a la hora diseñar nuestros pósters es que la información impresa en él, debe estar en contraste con el fondo para que de esta manera pueda ser legible a la distancia, ya que es un elemento que genera su impacto desde lejos.

Otro punto a considerar es que debemos evitar la saturación en él texto de los pósters. La información contenida en el deberá ser escueta y precisa.

Por último, es importante también tomar en cuenta que si hay reglamentaciones locales que cubrir por el tipo de comunicación se debe hacer, así como también vale la pena tomar en cuenta las condiciones meteorológicas para tomar la decisión del tipo de materias a ocupar para que la lluvia y otros factos similares no nos afecten en la ejecución de dichos elementos de comunicación.

Preciador

El preciador es un elemento de comunicación muy importante para una fotografía o película de éxito. Este elemento básicamente nos ayuda a hacer saber el precio al público consumidor del bien, producto o servicio que comercializamos.

La comunicación del precio generalmente va acompañada de un profundo estudio de cómo comunicar nuestro precio ya que puede volverse un tema sensible, es importante tener en cuenta si se redondea o no la cifra, incluir palabras que nos generen atractivo como consumidores, como serían las promociones, oferta, etc.

De esta manera buscaremos generar una doble función al elemento, las cuáles serían comunicar el precio y generar atractivo que se traduzca en ventas.

Banner

El banner es un elemento de comunicación de alto impacto, generalmente ubicado a lo largo de la fachada del negocio o sucursal, principalmente sobre el acceso a este, nos permite comunicar de manera eficiente información de nuestro Bien producto o servicio y de hacerlo de forma atractiva debido a las dimensiones de este.

Sin embargo, es precisamente por este tema que no siempre es posible su implementación, ya que dichas dimensiones inhiben la posibilidad de que sea colocado en muchos de los puntos de venta de nuestros minoristas o distribuidores.

Es recomendable que estos elementos de comunicación sean diseñados y fabricados en un material durable y que contengan información estándar, que les permita permanecer más tiempo colocados.

Debido a esto se debe considerar que la fabricación de dicho elemento es ideal sea en lona o plástico que nos dé un mayor tiempo de vida.

Copete

El copete es uno de los elementos de comunicación de mayor vida instalados en el punto de venta de nuestro cliente minorista o distribuidor.

Se trata habitualmente de un elemento que puede ser pintado rotulado o fabricado en lámina con frente de lona o poliestireno o cualquier otro material que resista las inclemencias del tiempo.

Este elemento de comunicación como su nombre lo indica deberá estar instalado en la parte superior a lo largo de todo el frente de la sucursal, convirtiéndose así en uno de los elementos de mayor vista hacia el cliente consumidor.

La rotación de este elemento considero es muy lenta ya que esperamos que nos dé un tiempo de vida muy largo, es por ello que en este elemento siempre será recomendable que la información que se comparta sea lo más estándar posible generalmente acompañada del nombre del negocio o sucursal.

Es importante tener en cuenta que si estamos considerando un rediseño en nuestra imagen institucional tendremos que detener la instalación de ese tipo de elementos para evitar de esta manera tener comunicación con imagen anterior o descontinuada.

Anuncio luminoso o iluminado

En la categoría de anuncios, existen dos posibilidades distintas que a continuación mencionaré.

Podemos otorgar **anuncios luminosos** los cuales serán fabricados generalmente de metal en su contorno y estructura conteniendo en su interior la iluminación que irradiará a través de las pantallas de los costados usualmente están fabricadas en policarbonato o lona traslúcida.

De igual manera, existen los **anuncios iluminados**, estos pueden ser idénticos en su fabricación con la diferencia que la iluminación no irradia desde su interior. Esta es conseguida mediante reflectores externos que apuntan y alumbran al anuncio para poder con ello generar un impacto de recordación de marca en las noches y momentos de oscuridad.

Anuncio de bandera o paleta

Continuando con el tema de los anuncios, los cuales ya vimos que pueden ser luminoso e iluminados.

La siguiente variante de las que les quiero hablar es la de la forma de colocación.

Existe un sin número de formas de anuncios que podemos nosotros generar, dependiendo de la creatividad, pueden ser redondos, cuadrados, rectangulares, ovalados, etc. Sin embargo, la forma en la que se le coloque es la que le otorgará al anuncio su clasificación.

Este punto es importante ya que existe en base a la clasificación del anuncio una reglamentación generalmente local a la que hay que apegarse. En cuanto a tamaños, peso e incluso colores, es por ello, que esos tópicos deberán ser investigados con las autoridades locales sin embargo el tipo de anuncio básicamente puede ser de dos formas.

De paleta el cual está sembrado sobre el piso, y emana de este un tubo sosteniendo el anuncio usualmente en su centro.

El otro tipo de anuncio es el **de bandera**, que éste está sostenido por una estructura que sale de alguna pared del local o sucursal de nuestro cliente minorista o distribuidor.

Anuncio tipo
paleta

Anuncio tipo
bandera

Sky dancer

El sky dancer es un elemento que genera el gran atractivo hacia la fachada de nuestro cliente, minorista o distribuidor.

Provocando que el cliente consumidor se interese en voltear a ver la fachada y de esta manera podremos cautivarlo y provocar que se entere de la disponibilidad de nuestro bien, producto o servicio en el punto de venta.

Así como de la posible promoción o alguna oferta que tengamos para este punto de venta.

Básicamente se trata de una estructura generalmente con un motor eléctrico que impulsa una especie de palas, las cuales, generan una fuerte corriente de aire que al mismo tiempo mueven un tubo de tela ligera. A este elemento generalmente se le agregan tubos más delgados de la misma tela ligera en los costados simulando brazos como de una persona, así pues, al encenderse provoca un gran movimiento el cual atrae las miradas.

Es muy recomendable ubicarlo en la fachada de nuestro punto de venta ya que es ahí adonde provocará la atención de los prospectos o clientes consumidores que circulen en la zona.

Botarga

De igual manera existe otro elemento perteneciente a una fotografía o película de éxito, el cual denominamos botarga.

La botarga es una réplica humanizada de algún elemento que se pueda asociar a nuestro bien, producto o servicio o a nuestra misma marca.

Este elemento requiere de la contratación de colaboradores, los cuales deberán introducirse a la botarga y moverla.

Generalmente se desarrolla una especie de baile, que tiende a ser gracioso, lo cual genera una agradable experiencia que se puede traducir en ventas o incremento de ellas.

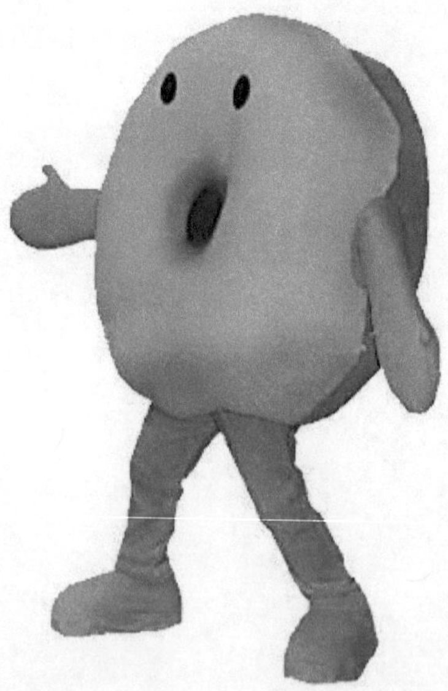

Tótem

El tótem es un elemento estático, generalmente ubicado en una parte visible y externa del punto de venta, el cual nos permite comunicar nuestra marca o a menudo es una réplica a gran escala de nuestro producto.

El objetivo principal de un tótem es provocar recordación de marca y que esto se traduzca en incremento en el volumen de ventas.

En este elemento en particular al no tener movimiento es recomendable no hacer uso excesivo de el, ya que en una breve temporada de estar exhibido tiende a generar ceguera de taller y ya no provoca impacto en nuestros clientes o consumidores.

Con esto no descarto la efectividad de su uso, sin embargo, si debe existir alguna alternancia para que nos ayude a producir el atractivo necesario para el incremento de ventas.

Promo vendedor

Existe también una figura desarrollada por algún colaborador llamada promo vendedor.

Este recurso humano es parte de los elementos que forman una fotografía o película de éxito, y que se te trata de un colaborador perfectamente bien entrenado en describir las principales características positivas de nuestro bien, producto o servicio.

El objetivo es exhibir nuestro bien, producto o servicio como la gran oportunidad y la oferta que representa el adquirirlo cuanto antes.

Su trabajo es el de abordar a los clientes o prospectos que al llegar al punto de venta de nuestro distribuidor o minorista deberán recibir la información de nuestro bien, producto o servicio y provocar que el consumidor lo adquiera en el instante.

Esta es una figura muy relevante en la película de éxito y es que aunque aún no provoque la venta del bien, producto o servicio, siembra en el cliente consumidor la información de lo que vendemos y esto puede tener como resultado una venta futura.

Para una fotografía o película de éxito, este elemento tiene su principal función en animar con música de fondo generalmente al público consumidor con micrófono y buscando con esto crear un mejor momento y una agradable experiencia de compra dentro del punto de venta del distribuidor o minorista que probablemente nos lleve o nos ayude a provocar incremento en las ventas.

Fotografía o película de éxito interior

Preciador

En el catálogo de elementos de la fotografía y película de éxito hacia el interior del punto de venta se suman varios de ellos. Uno de los más importantes es el preciador.

El preciador puede estar incluido en un póster o mini póster fijado en alguna de las paredes. También puede estar ejecutado en algún colgante, que como su nombre lo indica es un elemento impreso que guinda del techo o de alguna estructura aérea del punto de venta.

También claro está, el preciador es importante mantenerlo actualizado en los carriles de precios de los entrepaños de las góndolas justo debajo de la ubicación en la que se encuentre nuestro bien o producto.

Un aspecto importante del preciador es siempre mantenerlo actualizado y muy claro en la comunicación, esto es en la forma de comunicar la información, ya que este es uno de los principales promotores de la venta de nuestro producto, así pues, es importante nunca pasarlo por alto.

Colgante

El colgante es un elemento de comunicación primordial para una completa película o fotografía de éxito.

Este elemento generalmente utilizado hacia el interior del punto de venta bien colocado genera un importante impacto hacia el cliente consumidor, ya que al estar a la altura de la vista pues está suspendido sobre el cliente consumidor se mete muy fácilmente al campo visual del mismo, cumpliendo así con su propósito de hacerle llegar la información al consumidor referente a nuestro bien, producto o servicio.

En este elemento es común que se comunique el precio, características relevantes de nuestro bien, producto o servicio.

Adicionalmente, este elemento, al estar suspendido de uno o dos hilos generalmente tiene movimiento, provocando así, el atraer la mirada del cliente consumidor hacia él, es por ello, que este elemento de la fotografía o película de éxito se convierte en uno de los principales en el interior del punto de venta.

Copete de góndola

Generalmente las góndolas utilizadas para la comercialización de bienes y productos incluyen un elemento de comunicación denominado copete.

Este copete en el mismo modelo y estilo de gondolería puede ser de dos maneras distintas.

Si la gondolería es perimetral generalmente se recomienda que cuente con una altura alrededor de los 2 metros. Y ese copete emerja de la parte posterior de la góndola hacia el frente en un ángulo que sea perfectamente visible al cliente consumidor.

Este copete nos va a permitir básicamente a ofrecer la posibilidad al cliente consumidor de identificar las familias de productos a la distancia ya que al tener una altura considerable es de fácil acceso a la vista del consumidor. En estos copetes es recomendable incorporar la información de la familia de productos contenida en dicha góndola, esto nos permite ayudar al minorista y distribuidor para tener un lay out adecuado en su punto de venta. El segundo tipo de copetes es el utilizado en las góndolas que nos sirven para formar nuestros pasillos dentro del punto de venta. Estas góndolas la recomendación es que no superen el metro con sesenta centímetros de altura total, esto incluye el copete. Para esta gondolería el copete deberá ser colocado al centro de la góndola, en la parte superior, obteniendo así, la posibilidad de comunicar ya sea la familia o algún tipo de publicidad hacia ambos lados del pasillo.

Preciador de góndola

Sin duda alguna, de los principales elementos de una fotografía o película de éxito que deben existir en un punto de venta son los preciadores de góndolas.

Se trata de anaqueles especialmente diseñados para la correcta exhibición de los bienes o productos en venta ofrecidos.
Las góndolas deberán contener un atractivo que nos permita exhibir y glorificar los productos a manera de que esto nos ayude a generar volumen de venta.

Una góndola adecuada es lo que debe instalarse en el punto de venta y estas generalmente tienen un riel en el canto que queda de frente al consumidor en donde nos permite colocar y comunicar el precio al cual se venden los productos.
Estos preciadores de góndola serán de los principales elementos que ayudarán al cliente consumidor a tomar la decisión de adquirir los productos, por lo tanto, deberán estar ejecutados de manera correcta.
En el deberá ser fácil de leer el precio y al mismo tiempo nos ayude a asociar dicho precio con el producto, siempre buscando el no saturar con demasiada información el pequeño papel insertado en el carril preciador de la góndola.

La sugerencia en la ejecución de este elemento de comunicación perteneciente a la fotografía y película de éxito es que se debe de incluir únicamente el nombre del producto, capacidad, volumen o peso. Y claro está, el precio correcto y actualizado.

Glorificador

El glorificador es un elemento de comunicación perteneciente principalmente a las fotografías y películas de éxito en el interior de los puntos de venta.

El glorificador cumple una de las principales funciones de la estrategia de una película o fotografía de éxito, que es la de incrementar la expectativa y la atracción de nuestro bien o producto ante la vista de nuestros clientes consumidores.

Se trata de un elemento en el cual se coloca nuestro producto y le brinda un realce que glorifica a nuestro producto.

Este elemento incluso llega a contar con iluminación y cualquier otro aspecto que nos permita engrandecer cualquiera de las características del producto, bien o servicio que ofrecemos a la venta.

Exhibidor

Es común que como líderes de la gestión comercial y fuerza de ventas recibamos en base a la retroalimentación dada al departamento de mercadotecnia y desarrollo comercial, elementos de comunicación especializados para la correcta exhibición de nuestros bienes y productos a comercializar.

A estos elementos especialmente diseñados para nuestros productos los conocemos como exhibidores y es que aunque nuestro cliente minorista o distribuidor cuente con gondolería adecuada para la exhibición de todos los productos a comercializar en su punto de venta, nunca está demás el poder contar con exhibidores especiales para nuestro producto ya que esto nos permitirá llamar la atención y mostrarnos de manera más atractiva dentro del punto de venta, impulsando esto una mejor comercialización de nuestros productos en él.

Otra de las mejoras que incorpora un exhibidor adecuado a nuestra fotografía o película de éxito es que el mismo inventario exhibido tiende a auto rellenarse hacia el frente lo cual nos pone en mejores condiciones de exhibición en el punto de venta de cara hacia la competencia.

Equipo de enfriamiento

Debido a la naturaleza del producto que comercializamos, como líderes de una gestión comercial y fuerza de ventas, es común que tengamos la responsabilidad de administrar equipo necesario para la venta y comercialización de nuestros productos, como son enfriadores y neveras.

Es importante en la fotografía y película de éxito mostrar el liderazgo no sólo con la disciplina en el punto de venta, si no, también con nuestros socios comerciales, minoristas o distribuidores, en el sentido de respeto al utilizar únicamente para la correcta exhibición de nuestra marca y productos nuestros estos equipos de enfriamiento.

 Es común en cuanto a el correcto uso la solicitud de no introducir otros productos o mercancía de la competencia en nuestros equipos.

Sin embargo, esto es algo que con la gestión comercial y la supervisión se llega a considerar posible.

En una fotografía y película de éxito, estos equipos juegan un papel preponderante, ya que en la gran mayoría de los casos buscaremos como líderes comerciales ganar el mejor lugar en el día del punto de venta de nuestro cliente minorista o distribuidor.

Claro está, deberán los equipos de enfriamiento estar perfectamente bien comunicados y en muchas de las opciones existentes en el mercado existe la posibilidad de incluir preciadores e incluso glorificadores dentro de los equipos, los cuales se tienen que capitalizar para así aprovechar de la mejor manera posible el equipo en el punto de venta.

Poster

Otro elemento significativo para la fotografía o película de éxito son los denominados pósters o mini pósters.

Éste elemento de comunicación a diferencia del póster para película o fotografía de éxito en el exterior, debe ser de dimensiones inferiores, porque si pretendemos utilizar el mismo póster del exterior, podemos tener varias contrariedades como por ejemplo:

- El material con el que se debe elaborar el póster exterior debe resistir las condiciones del tiempo, por ende, es recomendable fabricarlo en algún elemento resistente a las lluvias, vientos etc. esos materiales tienden ser un poco más costosos que la impresión en papel que sería lo recomendable hacia el interior del punto de venta.

- La dimensión del póster exterior para poder cumplir con su función es un tamaño considerablemente grande en relación a cómo deben de ser los pósters interiores, ya que al interior del punto de venta no siempre podremos encontrar el espacio suficiente para poder instalar nuestro póster y comunicar lo necesario, por lo tanto, es recomendable que los pósters interiores sean más pequeños y que no desmerezcan en calidad de impresión aunque podemos fabricarlos en un material más económico.

- Tarima de exhibición

De concordancia con el tipo de bien, producto o servicio que comercialicemos, es importante que nuestra fotografía o película de éxito consideremos el armado de exhibiciones especiales, sobre todo tomando en cuenta la estacionalidad de nuestro bien, producto o servicio.

Es por todos bien sabido que desde el comienzo del invierno, por ejemplo, en los autoservicios, se llega hasta modificar el lay out con el objetivo de crear exhibiciones especiales de algunos productos de alta rotación, en estas temporadas por lo tanto dependiendo del bien, producto o servicio que comercialicemos debemos de contemplar en nuestra fotografía o película de éxito un formato o tipo de exhibición que deberá ejecutarse en el punto de venta, de acuerdo al mandato de la película o fotografía de éxito.

Es importante tener la clasificación clara de nuestros clientes para poder determinar en qué clientes aplica este elemento de comunicación de la fotografía o película de éxito y en cuales no, ya que depende mucho del espacio que el punto de venta ofrece para poder generar este elemento correctamente.

Banner

Otro elemento de comunicación perteneciente a una completa fotografía o película de éxito es el denominado banner interior.

Este elemento de comunicación por su naturaleza es de gran tamaño y nos es fundamental para comunicar de manera muy vistosa y eficaz a nuestro bien, producto o servicio.

Debemos de tomar en cuenta que por las dimensiones de este no siempre es posible colocarlo y precisamente por sus dimensiones es que tiende a ser un elemento de costo considerable, por lo que, será importante tener un censo actualizado de nuestros clientes con el objetivo de clasificarlos y determinar en cuál de ellos colocaremos este tipo de elementos.

Es de vital importancia considerarlo ya que nos permitirá mostrarnos en el mercado comunicando de forma espectacular lo que seguramente se traducirá en incremento de ventas.

Sticker autoadherible

El sticker autoadherible generalmente es un elemento pequeño de comunicación perteneciente a la película o fotografía de éxito interior, en el cual replicamos la información de los pósters, mini pósters o colgantes, pero de una manera más pequeña, que generalmente colocaremos cerca de las manijas de los enfriadores, si es el caso, o en el punto de cobro, del punto de venta en la parte posterior de la pantalla, en algunas zonas muy específicas donde podemos generar hasta el último momento de la experiencia de compra una recordación de marca.

Deberán ser elementos pequeños, creativos y llamativos, que nos permitan colocarse de manera sencilla y cumplan con la función de comunicar nuestro bien producto o servicio.

Uniformes de personal

Otro elemento importante en la fotografía o película de éxito interior es el de proporcionar uniformes a el personal de nuestro cliente distribuidor o minorista.
Sobre todo, a el personal que atiende directamente al cliente consumidor.
El hecho de que el personal de nuestro cliente minorista o distribuidor cuente con uniforme patrocinado por nosotros, nos permitirá colocar en la mente de quienes venden nuestra marca, eslogan, o alguna otra información relevante que nos permita gestionar más venta. Al mismo tiempo como líderes de una gestión comercial y fuerza de ventas, debemos de ser muy insistentes en que nuestra fuerza de ventas capacite a el personal de nuestro cliente minorista o distribuidor en el sentido de que conozcan todas las características y ventajas competitivas que tiene nuestro bien, producto o servicio, con el objetivo de que estos a su vez impulsen la venta con los clientes consumidores.

Adicional a ello, el hecho de que proporcionemos uniformes, los convierte en embajadores de nuestra marca, por lo tanto, será nuestra responsabilidad crear un escenario de compromiso moral para con la marca y así traducir esto en incremento de ventas.

Artículos promocionales

Una película o fotografía de éxito, no estaría completa si no contamos con artículos promocionales para obsequiar.

Claro está que estos artículos promocionales se tienen que empatar perfectamente con la naturaleza de nuestro bien, producto o servicio.

Debemos ser sumamente cuidadosos con el manejo y la administración de estos artículos, ya que es común que suceda que no todos llegan al cliente consumidor, por lo tanto, artículo promocional que no es entregado al consumidor no genera el impacto en ventas necesario.

Como líderes comerciales y representantes de una fuerza de ventas debemos de entrenar y supervisar el adecuado manejo de los artículos promocionales ya que de este control depende en gran medida la capacidad de funcionamiento de ellos.

Disciplina operativa comercial DOC

La disciplina operativa comercial es el conjunto de normas y procesos que fungen como reguladores del diario actuar de una fuerza de ventas. Como líderes de una gestión comercial debemos ser embajadores de la disciplina operativa comercial, mostrar estricto apego al desarrollo de las normas, reglas y procesos que rigen el proceder de un vendedor profesional, es pues, la disciplina operativa comercial la sumatoria no sólo de las reglas de la compañía y del mercado, también se considera en la disciplina operativa comercial el seguimiento a los indicadores que la fuerza de ventas debe llevar en su función diaria con miras al logro de los objetivos, es decir, la disciplina operativa comercial no solo le dará forma al quehacer cotidiano sino que también será la vía que nos permita llegar al cumplimiento de los objetivos de forma correcta y ética.

Al desmembrar la disciplina operativa comercial, podemos encontrar los siguientes tópicos:

- Validación de hora de llegada
- Estatus y presentación de la fuerza de ventas
- Arranque de procesos de inicio de operación
- Direccionamiento inicial del día
- Salida a mercado
- Hora de salida al mercado
- Supervisión de salida al mercado
- Visita de clientes con objetivos de supervisión a fuerza de ventas
- Análisis de la competencia
- Análisis de desarrollo de mercado
- Retroalimentación a otras áreas de la empresa u organización
- Elaboración de reportes de mercado
- Validación en mercado de películas o fotografías de éxito
- Seguimiento a indicadores por parte de la fuerza de ventas
- Visita a prospectos para ser clientes
- Captación de clientes nuevos
- Conquista de clientes de la competencia
- Planeación de agendas
- Supervisión de objetivos cumplidos en el día por la fuerza de ventas
- Direccionamiento a la fuerza de ventas para siguiente día

- Validación de status de herramientas de trabajo

- Elaboración de reportes de cierre del día

- Planeación de vacaciones y relevos del equipo comercial y fuerza de ventas

- Elaboración de reportes generales

Como podemos ver, la disciplina operativa comercial involucra absolutamente todos los procesos en el actuar diario y cotidiano de una gestión comercial y fuerza de ventas. Es por ello la relevancia de tener perfectamente bien clarificado todos y cada uno de los demás aspectos de la disciplina operativa comercial con el objetivo de no pasar por alto alguno de ellos.

En algunas empresas y organizaciones existe la figura del supervisor de gestión comercial, que funge como ayudantía a los líderes de la fuerza de ventas para mantener todos estos temas actualizados y en desarrollo. Sin embargo, si hablamos de una pequeña o micro empresa, es posible que esta figura no exista, a pesar de ello como líderes de esa fuerza de ventas y gestión comercial debemos de tener una preocupación real y deberá ser parte de nuestra rutina el revisar todos y cada uno de estos temas para así mantener un profesional y creciente desempeño como autoridad y guía de una fuerza de ventas.

Liderazgo

Los líderes no crean seguidores, en realidad estos producen más líderes. Ayudemos a cambiar la percepción de la gente, porque esta percepción es realidad. Recuerda que los pensamientos rigen la vida, busquemos que nuestro equipo piense ganador. Mostremos ante los problemas la oportunidad de usar ellos a como retos, como escalón, y no dejemos que ellos nos aplasten.

Mucho se ha hablado de liderazgo, siendo este un tema recurrente sobre todo para las personas que estamos al frente de una gestión comercial y una fuerza de ventas.

Existen muchos tipos de capacitaciones para desarrollar el liderazgo, sin embargo, este es un tema más de constancia que de intensidad. De poco nos va a servir tomar un curso, una capacitación cada año, si no estamos plenamente convencidos de que nuestra actitud es fundamental para el desarrollo de los objetivos de la empresa u organización en la cual colaboramos.

El liderazgo es básicamente mostrar el camino al equipo mediante el trabajo, la época en la que sólo se comandaba girando órdenes ha desaparecido, las nuevas generaciones requieren de acompañamiento.

La nueva tendencia mundial de trabajo ahora nos mueve a colocarlos en una posición de liderazgo enriquecido, es decir , es de vital importancia tomar en cuenta y hacer partícipes de las decisiones y del desarrollo y de la ejecución del negocio a el equipo completo. La nueva forma de trabajar solicita liderazgo y acompañamiento.

Para las nuevas generaciones es de vital importancia ser partícipes activos y como líderes de una gestión comercial debemos entender esta nueva forma de trabajar, debemos provocar un involucramiento de todos y cada uno de los elementos de la fuerza de ventas con el objetivo de hacerlos piezas clave y aportadores en el diseño de la estrategia comercial. De otra manera estaremos cayendo en un modelo de gestión muy desgastante en el que es necesario más que el equipo te siga, empujarlos, y este tipo de prácticas son obsoletas.

No podemos pensar en ser un líder de mercado si no entendemos esta nueva forma de trabajar, es necesario como líderes de una gestión comercial entender la forma de crear espíritu de cuerpo, crear el involucramiento de todo el equipo y para conseguir este objetivo lo que mejor funciona es ponerse al frente, demostrar constantemente la capacidad de gestión en la venta e inspirar al resto del equipo a seguir ese camino.

El vendedor profesional moderno ha crecido y vive con tecnologías distintas y eficientes, en su diario actuar le es normal conseguir reconocimiento como por ejemplo los likes en la vida digital este.

Los líderes de una gestión comercial y una fuerza de ventas lo debemos de tener sumamente claro y entender que es de esta manera en la que podremos lograr que nuestra fuerza de ventas se empate a los objetivos marcados por la empresa u organización, por lo tanto, al vendedor profesional moderno se le debe de estar motivando y reconociendo constantemente su positiva labor.

Será habilidad del líder de la gestión comercial, no provocar celos profesionales entre elementos de la fuerza de ventas y asumir el reto de integrar a todo el equipo como una fuerza de ventas enfocada, productiva, y ganadora.